核なき時代を生きる君たちへ

核不拡散条約50年と核兵器禁止条約

安斎　育郎

かもがわ出版

まえがき

２０２０年は、広島・長崎での人類初の核兵器使用や第二次世界大戦終結から75年、朝鮮戦争開戦から70年、ベトナム戦争終結から45年など、大きな戦争との関係でいわば「記念年」に当たったため、世界各地でさまざまな記念企画が予定されていました。

一方、軍縮の分野では、「核不拡散条約」（ＮＰＴ＝Nuclear Non-proliferation Treaty）が１９７０年3月に発効して50年目にも当たりましたので、この関係でもさまざまな記念企画が予定されていました。

ところが２０２０年に入ってすぐ、新型コロナ・ウィルス感染症が国境をこえて拡大し始め、各国で渡航制限や外出禁止、果ては大都市の封鎖（ロックダウン）などの措置が行われるようになり、人が多数集まる行事は次々と中止される事態に追い込まれました。

私がゼネラル・コーディネーター（代表）を務めていた「平和のための博物館国際ネットワーク」（ＩＮＭＰ）の第10回国際平和博物館会議も、海外から多くの人を迎えて開催する「会員出席型会議」は中止になり、「バーチャル・オンライン会議」に変更せざるを得ませんでした。「日本平和博物館会議」や、「平和のための博物館市民ネットワーク」も全国的な集まりが中止され、バーチャル会議や資料の交換方式に変更されました。

また、朝鮮戦争開戦1か月後に起きたアメリカ軍による韓国人無差別銃撃事件（ノグンリ事件）から70年目に計画されていた「ノグンリ世界平和フォーラム」で、私はノグンリ国際平和財団第4回人権賞の受賞者として記念講演を行う予定でしたが、これも6月から11月に延期されたうえで、ビデオ・メッセージを送るという形になってしまいました。

私は現在、「立命館大学国際平和ミュージアム」の終身名誉館長として世界と日本の平和博物館運動に関わっています。新型コロナ・ウィルス感染拡大のために世界中の平和博物館が臨時休館を余儀なくされ、来館者収入、寄付金、ミュージアム・グッズの販売収益が途絶えたことによって、多くの博物館が財政難に見舞われました。

そんな閉塞感に気分も沈みがちな秋の日に、明るいニュースが飛び込んできました。

この本の執筆を進めつつあった２０２０年10月24日、第75回目の国連創設記念日に、一つの朗報が世界に伝えられました。２０１７年７月７日に国連で賛成１２２、反対１、棄権１で採択されていた「核兵器禁止条約」（ＴＰＮＷ＝Treaty on the Prohibition of Nuclear Weapons）が、ホンジュラスの批准によって発効に必要な50か国に達したというニュースです。

立命館大学国際平和ミュージアムは翌月６日付で、吾郷眞一館長と名誉館長の私の名前で次のような声明を発しました。

○「核兵器禁止条約」批准国の発効条件達成を歓迎する

核兵器禁止条約の発効は、核軍縮史の画期をなすものである。同条約は、核兵器の開発・保有・使用、使用の威嚇《いかく》に加えて、核兵器使用の「援助、奨励、勧誘」をも禁止している。すなわち、非核保有国が核保有国の核兵器に依存する、いわゆる「核の傘」をも禁止しているものである。

「核兵器禁止条約は核保有国とその同盟国が加盟していないから実効性がない」という非難は、一面的である。確かに、この条約に参加していない国々が直接条約に拘束されることはないが、核兵器実戦使用の犠牲となった広島・長崎の被爆者たちの悲痛な叫びに共感した世界の市民の声を踏まえ、条約発効に必要な50か国が核兵器の全面禁止を求める条約を批准したという事実は、核兵器による威嚇やその実戦使用への誘惑に対する大きな抑止効果をもつものである。

すでに国際司法裁判所は、1996年7月8日、国家の存亡の危機に際しての核兵器による威嚇や使用については結論を留保したものの、「核兵器の威嚇または使用は武力紛争に適用される国際法の規則に一般的に違反する」との勧告的意見をとりまとめた。核兵器禁止条約は、核兵器による威嚇や使用を違法化しようとする国連加盟諸国の画期的な動きであり、われわれはこれを歓迎し、この条約に背を向けている核保有国とその同盟国が、「核兵器による安全保障政策」を転換することを求める。

とりわけ、唯一の戦争被爆国である日本の憲法は、紛争の解決、安全の維持、平和の構築において、武力依存の極小化を要求する「平和主義」に立脚しており、アメリカの核兵器に依存して安全保障政策を構築することは日本国憲法の精神とは矛盾するものであり、「核の傘」政策の転換を要請する。日本国憲法の下にある日本の市民は、核兵器禁止条約を準備し、成立させ、発効させるうえで発揮された被爆者を含む市民社会のグローバルな努力と、それに呼応して条約を批准したニュージーランド、南アフリカ、メキシコ、オーストリア等の政府との連携・共闘が求められている。

立命館大学国際平和ミュージアムは、展示やその関連企画を通じて核兵器使用の非人道的な実相に関する情報をさらに伝えるとともに、「平和のための博物館国際ネットワーク」や、広島平和記念資料館や長崎原爆資料館も加盟する「日本平和博物館会議」、さらには、「平和のための博物館市民ネットワーク」とも共同して、核兵器のない世界の実現のために一層努力することを声明する。

発効して50年を迎えた「核不拡散条約」（ＮＰＴ）は、核保有国も含めて最も多い国連加盟諸国が参加した軍縮条約で、「核の憲法」とも呼ばれます。核保有国が核軍縮に取り組み、核兵器をもたない国が核兵器をもつことを禁止する条約ですが、「核不拡散条約」には核保有国も参加しているのに、「核兵器禁止条約」にはなぜ核保有国やその同盟国は背を向けているのでしょうか。日本も「核不拡散条約」には参加しているのに、なぜ「核兵器禁止条約」には背を向け続けるのでしょうか？

それは、これら二つの条約には「決定的な違い」があるからに外なりません。館長・名誉館長声明の冒頭に「核兵器禁止条約の発効は、核軍縮史の画期をなすものである」と書いてあるのは、そのことに深く関係しています。

本書では、核兵器開発史や平和・軍縮運動の歴史にも目を向けながら、この最も現代的な問題を解き明かし、実現に向かって私たちがどう行動すればいいのかを考えていきたいと思います。

目次

まえがき　3

第1講　先生とK君の対話のはじまり　13

❶ 核兵器禁止条約と核保有国　14
❷ 条約の規範力　17
❸ 国際法の「法源」　20
❹ 規範力を広げる二つの道　24
❺ 残すべき社会的記憶　29
❻ 慣習的な事実が持つ規範力　34
❼ 切り離された原発問題　38
先生のコラム／アルバート・アインシュタイン　42

第2講　核兵器システムってなに？　45

❶ 戦争遂行に必要な3要素　46

❷ 核弾頭　48
❸ 運搬手段　59
❹ 指揮・管制・通信・諜報システム　66
先生のコラム／TNT火薬　68

第3講　「核抑止」っていう考え方　71

❶ 核によって核を制す　72
❷ 被爆者が核を制す　74
❸ 不安定な抑止力　76
❹ 国際司法裁判所のあいまいな勧告　80
❺ 隠されることになる被害実相　84
❻ 薄れる反人道性への反発　86
先生のコラム／湯川秀樹　90
核兵器関連の略年表　92・94
世界の核弾頭数の年次変化　92

各核保有国の核兵器保有数 94

第4講 核不拡散条約（NPT）の登場 97

❶「冷戦」下の米ソの思惑 98
❷核不拡散条約の構造 102
❸国連安全保障理事会の仕組み 108
❹核不拡散条約と大国の義務 113
❺再検討会議の役割 118
❻前提となる日本現代史 123
❼アメリカと日本の関係 134
❽日本政府の立場 141
先生のコラム／ジョセフ・ロートブラット 144

第5講 核兵器禁止条約への流れ 147

❶核軍縮に踏み出すきっかけ 148

❷「核兵器の人道的影響に関する国際会議」の議論 151
❸ ICANのノーベル平和賞受賞 157
❹ ヒバクシャ国際署名 164
先生のコラム／ロバート・グリーン 167

第6講 核なき世界への新たな道 169

❶ 核兵器禁止条約案の登場 170
❷ オランダ、シンガポール、日本の立場 173
❸ 核兵器禁止条約の内容 177
❹ 核兵器禁止条約の効果を高めるために 185

あとがき 197

核兵器禁止条約条文 200
核不拡散条約条文 211

装丁・ブックデザイン　佐久間文雄

第1講

先生とＫ君の対話のはじまり

——昼下がりの教室。

帰り仕度をしていたK君は、通りがかったA先生に声をかけられました。物理が専門で平和学や原爆、原発に詳しく、なぜか手品も上手な少し変わった先生です。ちょうど、テレビや新聞が「核兵器禁止条約」の発効を大きく伝えた後だったので、熱血漢の先生はその条約の話題を振ってきました。友達はみんな帰った後で、ほかにだれもいません。2人の対話のはじまりです。

❶核兵器禁止条約と核保有国

ヘビースモーカーが禁煙の説教をするみたいな米朝交渉

先生——K君、K君、核兵器禁止条約がついに発効だね！

K君——ああ、うわさで聞きました！

先生——そうか、核兵器禁止条約なんかより自分の「進路」の方がK君にはよっぽど大事なんだろうな。でも、核兵器なんかない方がいいと思わない？

K君——そりゃあ「ない」に越したことはないでしょうけど、でも先生、核兵器は広島・長崎で使われたのを最後に実戦では一度も使われていませんし、大国が核兵器でにらみを利かせている から戦争が起こらないで済んでいるという面もあるんじゃないでしょうか？

先生――なるほど、そうくるか。いまK君は「大国が核兵器でにらみを利かせている」っていったけど、核兵器をもつ大国ってどことどこだい？

K君――アメリカでしょ、ロシアでしょ、それにイギリスとフランスと中国。

先生――北朝鮮は？

K君――あっ、そうそう。大国じゃあないけど、北朝鮮も21世紀に入って核保有国になったんでしたね。アメリカとの間で「非核化」をめぐってやりとりがありました。でも、いつも思うんですが、アメリカは世界最強の核保有国のくせに、「自分は核兵器をもっていいが、君はもっちゃいけない」というのは、なんか「ヘビースモーカーが未成年者に禁煙を説教してる」ようで、説得力を感じません。「子どもが火遊びするんじゃない」ってね。

先生――でも、北朝鮮も大陸間弾道ミサイルみたいなアメリカまで届くミサイルの開発をしたりしているから、「子どもの火遊び」じゃ済まされなくなってきているね。

K君――ぶっそうですね。

先生――ほかにはどんな核保有国がある？

K君――えっ、まだありましたっけ、核兵器もっている国？

先生――インド、パキスタン、イスラエル。

K君―へーっ！インドとかパキスタンとか、貧富の格差がひどい、発展途上国というイメージですが……。

先生―まあ、アメリカのトランプ前大統領も外交の席で「イギリスは核兵器をもっているのか？」って聞いたらしいから、K君がすべての核保有国を知らないとしても無理はないのかもしれないが、でも、核兵器の被害を受けた唯一の国の市民としては知ってってもらいたい気がするね。イスラエルは、1950年代から核兵器開発を秘かに進めていたといわれ、核兵器を保有していると考えられているね。イスラエル自身も、核保有については「否定も肯定もしない」という「灰色政策」を採用しているけど、公式的には「イスラエルは中東で最初に核兵器を使用する国にはならない」と表明している。

インドは1974年、もう半世紀近く前に「平和目的」と言って地下核実験をやった。パキスタンは1998年で、この時はインドとパキスタン両国が対抗するように「核実験合戦」をやったね。インドが5月11日と13日に「シャクティ実験」と名づけられた合計5回の核実験をやったのに対し、パキスタンは5月28日に5回、そして5月30日に1回、合計6回の核実験をやりました。このとき、前半の5回は高濃縮ウランを使った原爆だったのに、6回目のはプルトニウム原爆だったため、もしかすると北朝鮮が開発していたプルトニウム原爆の代理実験じゃないかとも取りざたされた。

K君―でも、先生、確か核不拡散条約とかいうのがあって、核兵器をもつ国を増やさないために国際社会は努力してきたんじゃないんですか？

先生──おお、良く知ってるね。でも、イスラエルとかインドとかパキスタンとか北朝鮮は核不拡散条約、いわゆるＮＰＴ（Nuclear Non-Proliferation Treaty）に入っていないんだよ。

K君──だからといって、自分はルールの外側にいるから何やってもいいっていうのはちょっと身勝手な考え方じゃないですか？ましてや国民の貧困や人権格差をちゃんと面倒見ないで、核兵器みたいな物騒なものをもつなんてとんでもないですよ。

❷条約の規範力

大麻も銃も、国によって認められたり禁止されたりする

先生──K君は良識的で僕は嬉しく思うけど、国際社会の軍備競争となるとちょっと厄介でね。条約に入っていない国には条約の規範力は及ばない。

K君──キハンリョク？

先生──うん。「規範」というのは「誰もが守るべきルール」という意味だけど、「規範力」というのは近代の国家論を論じるときの基本的な概念でね。ある国が秩序ある国家として成立するた

めには「憲法」のような「法的な規範の体系」をつくり、みんながそれを「守るべきもの」（規範）として受け入れることで成り立つよね。そういうルールを破ったりすると罰が課せられたりする。でも、ルールは最高法規といわれる憲法でさえ効力が及ぶのはその国の国民限りで、アメリカ人は日本国憲法には拘束されないよね。もっと卑近な例でいえば、たまに著名な人が逮捕されたりして話題になる「大麻草」というのがあるね。

K君——僕の理解では、大麻草そのものは覚せい剤とは違うけど、それ自身の有害性とは別に「覚せい剤依存への入り口」だとも言われますね。

先生——大麻草は、日本では伝統的に茎の部分は麻織物《あさ》などに利用され、タネは七味唐辛子に使われたりしてきたけど、大麻特有の幻覚や妄想などを引き起こすために「有害性がある」と考えられているTHC（テトラヒドロカンナビノール）という成分を含む花や葉については、所持・栽培・譲渡などが1948年につくられた「大麻取締法」で規制されている。

K君——はい。聞いたことがあります。

先生——ところが大麻をめぐる事情は国によっても違うよね。例えば、アメリカでは、州によって「合法化」「非犯罪化」「医療利用のみＯＫ」「違法」などと扱いが違っていて、ややこしいことになっています。

K君——そうなんですか。

先生——また、アメリカの大統領選挙でも話題になった「銃規制」の問題もそうです。

K君―日本には「銃刀法」っていうのがありますね。

先生―アメリカでは合衆国憲法の修正第2条に、「規律ある民兵は、自由な国家の安全にとって必要であるから、人民が武器を保有し携帯する権利は、これを侵してはならない」と規定されていて、いわば「銃の保有」は憲法上の権利になっています。そしてこれこそが「銃規制反対の根拠」にされているんだよね。もっともこの条項の解釈には二通りあって、この権利（武装権）はあくまでも民兵を組織するための州の権利であって、個人が銃を所持することを認めたものではないという「集団的権利説」と、いやいやこれは個人が武装する権利を認めているものであるという「個人的権利説」がある。2008年7月、連邦最高裁判所は「個人的権利説」を採用する判決を示しました。だから、実態としても、アメリカでは一般家庭にも何億丁もの銃が所有されており、この前の大統領選挙の直前には、「暴動」に備えて銃を買う人が急増したことはよく知られているね。

K君―はい、そう聞きました。

先生―ところが日本では、K君がさっき言った「銃刀法」、正式には「銃砲刀剣類所持等取締法」という法律があって、この法律で定められた銃砲刀剣類については、警察官のように職務上所持する場合や、料理人など職業生活で用いるために一定の許可を得た場合など以外には所持することができないね。ましてや、一般の人たちが「けん銃、小銃、機関銃、砲、猟銃その他金属性弾丸を発射する機能を有する装薬銃砲及び空気銃」を自由に買って所持することなどできない。アメリカではできても、日本ではできない。法の規制力って、そういうもんだね。

K君──確かにそういう気がしますね。ただ、いま先生が説明された銃刀法でも、禁止されているのは「金属性弾丸を発射する機能を有する銃」ですから、プラスティック製の弾丸を打つモデルガンとか、吹き矢みたいなものはそれ自身は禁止されていませんね。

先生──だから、法律が何を禁止していて、どこに抜け穴があるかは大事な問題だね。ところで、法的規制というのはその性格上、その法律がつくられた時に、その法律をつくった立法府のある国の国民にしか及びません。もちろん、日本人が外国で日本の法律に違反する行為を行なった場合とか、外国人観光客が日本で日本の法律に違反する行為を行なった場合とかについても規定されているけど、ここでは深入りする必要はないね。

実は、国際法の世界でも、同じような事情がある。

❸国際法の「法源」

憲法にも書いてある「条約を誠実に遵守して」

K君──国内の場合、「規制力」のおおもとは憲法とか法律ですが、国際法の場合はどうなんですか？

先生―何か問題が起こった時に裁判官が判断の基準にするものを「法源」っていうんだけど、日本の法源といえば、K君が言った憲法や法律の外にも、政令とか省令とか条例とか判例とかいろいろある。

また、「慣習法」といって、「社会的慣行のうち法と同等の規制力をもつと認められている慣習」も法源の一つになる。つまり、「そりゃあ、いくら何でも公序良俗に反するだろう」っていうような場合だね。国際法の分野では、法源は伝統的に、「国際慣習法」と「条約」の二つです。

18世紀までは国家間で「条約」を結ぶなんていうことは少なかったから、主として「慣習法」でカバーする範囲が広かった。それに、条約をつくっても、それが拘束力をもつためには「合意した条約は守らなければならない」という（慣習）法が条約以前に存在していないといけないよね。

K君―そりゃあそうですね。条約つくっても守らないいんじゃ意味がないですから。

先生―国際法の法源という意味では、現在一番大事な法源はやっぱり「条約」だね。世界には二国間、多国間の条約が山ほどある。また、条約という名前ではないけど、協定・取極め・規約・憲章・規定・宣言・議定書なども条約と同じ法的拘束力をもつね。

K君―ひゃあ〜、ややこしいですね。

先生―まあ、名前は違うがどれも「国家間の約束」のことだね。難しくいえば、「条約とは、一定の国際法主体（国家、国際組織等）がその同意をもとに形成する、加盟当事者間において拘束力を有する規範をいう」ということになる。だから、条約に参加した国々は条約を守らなければなりません。

K君――当然ですね。今度あらためて勉強したんですが、国が正式に条約に参加するには「批准」という手続きが必要なんですね。

先生――条約を結ぶ国の代表が条約案に署名しただけでは条約は発効しないね。議論が尽くされて条約の内容が確定したら、その条約について、参加する意志をもつ国が（日本の場合なら「国会」のような）最高議決機関で確認し、条約の取り決めを受け入れることに同意すること――これを「批准」っていうんだけど、それが必要だね。日本の場合、国会の承認を得たら内閣の責任で「批准書」をつくって「天皇の認証」を得たうえで、その条約を議論した機関（核兵器禁止条約の場合なら国連）に提出する。これを「寄託」っていうんだけど、それで初めて条約の「締約国」「加盟国」になる。「批准書」の提出には「天皇の認証」が必要だけど、「天皇の認証」を必要としない「受諾書」や「承認書」の提出で済ませる簡略化されたケースもあるし、すでに多国間で成立している条約に参加する場合は「加入書」を提出する。

条約に加入するのにどのような手続が必要かは条約文書中に書いてあるんだけど、今回の核兵器禁止条約の場合は、第14条に「批准、受諾、承認又は加入」という規定があって、「この条約は、署名国によって批准され、受諾され、または承認されなければならない」と書いてあります。そして、第15条の「効力発生」の条文には、「この条約は、50番目の批准書、受諾書、承認書または加入書が寄託された後90日で効力を生ずる」と書いてある。だから、必ずしも「批准」という方法でなくとも、「受諾書」や「承認書」や「加入書」の提出でもいい。

K君—そうなんですね。

先生—だいたい「批准」というのはあまり聞きなれない難しい言葉だよね。批准の「批」は「批判」「批難」「批評」などに使われる文字で、「事の良しあしを評価して論じること」。批准の「准」はもともと「水準」や「基準」に使われる「準」の字に由来する字で、「バランスをとる」というような意味だ。つまり、条約をまな板にのせて、ああでもないこうでもないといろいろ批評・評価したうえで、バランスを失していないいい条約だと判断して、「ではこの条約を受け入れましょう」と国家としてお墨付きを与える行為——これが批准だね。

K君—日本国憲法では批准について何か書いてあるんですか?

先生—憲法では、第7条第8号に、「批准とは、内閣の署名した条約を審査して、同意を与え、効力を確定する行為をいう」と書いてある。そして、日本国憲法の第98条には、「この憲法は、国の最高法規であって、その条規に反する法律、命令、詔勅及び国務に関するその他の行為の全部又は一部は、その効力を有しない。日本国が締結した条約及び確立された国際法規は、これを誠実に遵守《じゅんしゅ》することを必要とする」」と謳《うた》っています。

K君―当たり前っていえば当たり前ですが、いい感じですね。

先生―問題は、「拘束力を有する規範」といっても、その規範力が及ぶのは、基本的に条約締結国に限られること。それがこの問答の出発点だったね。つまり、条約に入っていない国にはその効力が及ばないっていうことだ。

K君―イスラエルやインドやパキスタンや北朝鮮が、核不拡散条約（NPT）の外で核兵器開発をやったようなことが起こり得るわけですね。

❹規範力を広げる二つの道

核の抑止力って、使われない間は機能しているだけだ

先生―だから、こんど発効した核兵器禁止条約も、まだ参加していない国に対して、どうやって規範力を及ぼしていくかっていうことだけど、それには二つの道がある。

K君―一つはすぐに思いつきますが、条約にまだ参加していない核保有国やその衛星国に訴えて安全保障政策を転換させ、条約への参加を促すことですね。

先生―そのとおりだね。それにしてもK君、「衛星国」とは思い切った表現だね。

K君―英語の時間にいつか"nuclear powers and their satellites"（核保有国とその衛星国）っていう表現が出てきて、へぇ～と思った記憶があります。

先生―じゃあ、核保有国とその同盟国の安全保障政策を「核兵器に依存しない安全保障政策」に転換させるにはどうすればいい？

K君―それらの国の政治指導者の考えを変えさせる訳ですから、そのためには、もしも民主的な国家ならその国の主権者が「核兵器によらない安全保障政策の方がいい」という考えを受け入れ、それに反する政策をもつ政治勢力を支持しないようにすればいいと思います。

先生―そのとおりだと思うが、そのためにはどうすればいい？

K君―まずは、その国の主権者つまり国民が、「核兵器で国を守る政策はヤバい」と考えるかどうかですね。

先生―どうしますか？

K君―二つあると思うんですが、一つは、「核兵器による安全保障」という考え方、つまり、「核抑止論」にはどんな問題点があるのかを理解すること、二つ目は、万一核兵器が使われるようなことになったら何が起こるのか、広島・長崎の原爆被災の実態や核実験被害についてよく知ることじゃないでしょうか？

先生―おー、満点だね。でも、K君自身、核兵器でにらみを利かせて戦争を抑止する「核抑止政策」は、どうせ核兵器は使われないんだから、必ずしも悪くないと思っていたんじゃないの？

K君――確かに、広島・長崎以来、核兵器は使われてこなかったから、「核による抑止」っていう政策も「あり」かなと思ってきました。でも、ホントに核兵器が使われないって言い切れるのかどうか、ずっと不安がありました。

先生――いまから40年も前の１９８０年の国連事務総長報告に、K君とまったく同じ論点がまとめられていたのを思い出すね。当時の国連事務総長はオーストリア出身のクルト・ワルトハイムだったけど、第35回国連総会に提出された『核兵器の包括的研究』(Comprehensive Study on Nuclear Weapons)という報告書の中に、「広島・長崎から半世紀の間、核兵器は使用されることなく抑止機能を果たしてきた」という主張があると紹介したあと、「それは『分かりきったことを言っているに過ぎない。なぜなら、この主張は歴史がそれを否認する時までは真理であり続けるからである』」と皮肉を込めて批判しています。

K君――へぇ〜!面白いですね。

先生――まあ、面白がってばかりもいられないが、国連事務総長は、「核抑止力は、抑止が機能している間だけ抑止力たるに過ぎない」のであり、「抑止力が安定して機能し続けることができるかどうかこそが問題なのだ」と提起したわけだね。つまり、K君と同じです。核兵器が存在している限り、それが使われる恐れがないとは言い切れないということを警告しているんだな。

核使用の危機はキューバ以外に3ダースもあった

K君―で、実際、核兵器が使われそうになったことはあるんですか?

先生―残念ながら、そういう危険は昔からあったんだよね。例えば、現在「平和・軍縮・共通の安全保障のためのキャンペーン」の会長を務めているジョセフ・ガーソンさんが2007年に出した『帝国と核兵器』という本には、「核兵器の使用が検討された3ダース以上ものケース」がまとめられているが、恐ろしいね。ジョン・F・ケネディがアメリカ大統領だった1962年のキューバ危機の時には、ソ連の海軍将校に「現場の判断で戦術核兵器を使う許可が下りていた」だけでなく、キューバのフィデル・カストロは、「たとえそれがキューバと国民の終焉《しゅうえん》を意味したとしても、アメリカに先制核攻撃を行なうよう、ソ連に強く求めていた」ことも指摘されています。

K君―こわいですね。でもそれは昔のことで、現代社会ではあり得ないんじゃないでしょうか?

先生―ガーソンさんによれば、アメリカのマティス元国防長官はトランプ大統領が怒りの激情のままに核戦争を始めたりしないように、「国防長官のはっきりした命令なしに核兵器を発射したりしないよう」に軍に命じていた。国防総省幹部はすでに2017年の11月、「トランプ大統領が核兵器を発射せよとの非合法な命令を出しても無視する」と、上院委員会に伝えています。この証言は、核戦争を開始する大統領の権限に関して40年余りを経て初めて開かれた議会聴聞会で出てきたものです。大統領は核のボタンに指をかけている最高責任者だから、もしトランプ氏が大統領であり続けたら、この「気まぐれ人物」が核のボタンに指を置いていることを世界は心配し続けることになっただろうともガーソンさんは言っています。

K君——僕はジョー・バイデン新大統領の政策も良く理解していませんので、それに何といっても他国の大統領選挙のことなのであんまり深く考えたことはないんですが、やっぱり新型コロナ・ウィルスで自国民が35万人も亡くなっているのに、行政の最高責任者である大統領が感染症対策に指導力を発揮しないばかりか、選挙戦終盤の大事な時期に自分自身も感染し、マスクもせずに過密状態の大声大集会を組織して飛び回っている姿を見て、「これはおかしい」と感じてました。アメリカの人口は日本の2・5倍弱なのに、新型コロナ・ウィルス感染症による死者は100倍近くに達している国ですね。核問題とは直接関係ないけど、こんな非理性的な大統領に核兵器を任せられるかっていう気は、確かにしましたね。

先生——しかし、「核抑止論」の問題は、「核兵器が存在する限り使われる恐れがある」という問題だけじゃなくていろいろあるので、この問題は後できちんと整理してみようか。

K君——はい、お願いします。

❺残すべき社会的記憶

被爆の生き証人がどんどん減りつつある

先生―K君は、広島・長崎の被爆の実相についてはそれなりに勉強したのかな?

K君―はい、主として中学校時代に授業で取り上げられ、一度は被爆者を学校に招いた学習講演会もありました。修学旅行では広島の平和記念資料館に行って、被爆資料や写真や被爆者の証言を見聞きして、戦争になると人間ってこんな残酷な兵器を、いくら敵だとはいえ、同じ人間の頭の上に落とすんだと、恐ろしくなりました。

先生―被爆者の生きた体験談をきくと、本当に胸が痛むし、人間ってどうしてこんな残酷なことができるんだろうって、とても悲しくなるね。でも、次の瞬間、人間は生物兵器にしても化学兵器にしても核兵器にしても、開発した兵器は全部実戦で使用してきたんだから、悲しんでばかりいないで、どうすれば核兵器を含む大量破壊兵器を使わせないようにするか、最終的には、どうすればそういう大量破壊兵器をなくすことができるのかを真剣に考えなければいけないと感じるね。

K君——やっぱり、広島・長崎の被爆の実態をしっかり学べば、いくら戦争とはいえ、こんな非人道的な兵器は使ってはならないと感じるでしょうから、被爆者の生きた証言を聞くことはとくに大切な気がします。

先生——ところが、その被爆者の命がいま急速に尽きようとしています。２０２０年は被爆75年の年だったけど、それは、広島・長崎に原爆が投下された年に生まれた人でさえ「後期高齢者」になったということだね。被爆時に5歳だった子どももいまは80歳、ましてや被爆時に中高生以上で、原爆投下時の社会情勢や被爆の実相をある程度総合的に秩序立てて伝えられる証言者となると、いまはもう85歳～１００歳ぐらいです。よく高齢の被爆者を見て「被爆者は元気だ」っていう人がいますが、それは考え方が逆で、生命力の強い人しか生き残れなかったんだよね。その生命力の強い被爆者でさえ、年々、急速に命が尽きつつあります。

「個の命」が尽きるとともに「個の記憶」は消えてしまうので、それを「社会的記憶」として残すために『被爆証言集』をつくったり、証言テープや映像を残したり、「ノーモアヒバクシャ記憶遺産を継承する会」のように、そのような記録を集め、保全し、整理して、人々が利用できるようにと努力している人たちもいます。いや、僕はいまその団体の副代表を務めているんだけどね。

K君——それから先生がいま取り組んでいる「平和博物館運動」もそういう方向での努力の一環ですよね。

先生――お～、よくぞ言ってくれたね。僕は立命館大学の国際平和ミュージアムっていう、世界でも珍しい大学立の平和博物館の終身名誉館長で、「個の記憶」を「社会的記憶」として保全し、人々に伝えるための社会教育施設に関わっています。同時に、世界に300ぐらいある平和博物館の連携を進める「平和のための博物館国際ネットワーク」（INMP＝International Network of Museums for Peace）という、国連広報局にも登録されている組織の役員も務めています。

僕がこのネットワークのゼネラル・コーディネーター（代表）を務めていた2020年9月に、第10回国際平和博物館会議をバーチャル・オンライン会議として開催して大きな成功を収めました。この会議で発表したい人は、あらかじめデジタル映像を作成して組織委員会に送ります。するとそれがプログラムに沿ってINMPのウェブサイト上にアップロードされ、世界中のどこからでもいつでも見られる仕組みです。

K君――それはいいですね。新型コロナ・ウィルス感染拡大で国際会議が軒並み中止や延期に追い込まれている中で、先生たちは「デジタル空間で開催する」という方法を選ばれたんですね。

先生――まあ、こういうやり方に慣れない人たちもいるので不便に感じた人もいるだろうし、僕らも果たしてうまく行くかどうか最初は不安だったが、いざやってみたら、とても大きなメリットがあった。つまり、高い航空運賃や宿泊代を払ってわざわざ日本に来て会議に出席するのは、とくに発展途上国の若者なんかにとっては限りなく不可能に近いけれど、この方法ならパソコン一つで自宅から、職場から、あるいは地元の平和博物館から世界に向けて発信できるね。「禍《わざわい》転じて福となす」っていう諺《ことわざ》がありますが、今後はこういう方法が当たり前になり、電子空間を通じて経験交流や意見交換が日常的にできるようになるでしょうね。

K君—そうですね。スマホ文化に親しんでいる僕たち若者の方がこういう方法に慣れているし、場合によっては被爆者の証言なんかもズーム会議やウェブセミナーの形で開催できるんじゃないでしょうか？

先生—いいこと言うなあ、Ｋ君。僕はまさにそれを大いに期待しています。80歳～１００歳の被爆者が長旅をして集会や会議に参加することはだんだん難しくなっていますし、ましてや海外講演旅行なんてとても体力的に無理がある。そこで、若い人たちにちょっと手伝ってもらって、自宅の居間から国内外に向けて被爆体験をどんどん発信してもらいたいんだよね。だから、電子技術に抵抗のない若い人たちには、核問題に関心があるかないかにかかわらず、ちょっと被爆者や戦争体験者を助けてやってほしいんだ。

K君—お安い御用のような気がします。

先生—心強いねえ。第10回国際平和博物館会議では、「ノーモアヒバクシャ記憶遺産を継承する会」の代表だった岩佐《いわさ》幹三《みきそう》さんの証言もビデオ発表されました。残念ながら、岩佐さんご自身は国際会議直前の２０２０年9月7日に亡くなりましたが、生前の証言は立派に国際社会に伝えられた。そうしたら、それを見た僕の前のＩＮＭＰゼネラル・コーディネーターのピーター・ヴァン・デン・デュンゲン先生（イギリスの歴史学者）から、「岩佐幹三さんの『原爆にさらされて』という証言ビデオには、本当に心揺さぶられました。私は何年も何年も被爆者の写真や資料を見、証言に耳を傾けてきましたが、これほど心に突き刺さる証言は初めてです。岩佐さんが亡くなる前に収録されていたことは幸いでした」というメールが届き、「ノーモアヒバクシャ記憶遺産を継承する会」の発表ビデオについても、「日本被団協（日本原水爆被害者団体連絡協議会）が改めてノーベル平和賞の候補にノミネートされるべきだと確信しました」という感想でした。

K君――そうですか。素晴らしいですね。われわれ若者に気軽に声をかけてくれれば、最初はテクニカルなお手伝いしかできなくても、だんだん被爆者の証言などにも感じて、原水爆禁止運動にも関心が湧くかもしれません。誰でも何かを強制されるのはイヤですが、自分ができることで何かに貢献できると感じられるのは嬉しいことだと思います。

先生――新型コロナ・ウィルスで生身の人間は分断され、孤立した面があるけど、幸いわれわれにはネット空間でつながるという現代ならではの方法がある。これを活用しない手はないね。

核兵器禁止条約には、K君の心配と同じように、「偶発や誤算あるいは意図に基づく核兵器の爆発を含め、核兵器が存在し続けることで生じる危険性に留意する」と書いてあって、「核兵器の使用によって引き起こされる壊滅的な人道上の結末を深く懸念し、そのような兵器全廃の重大な必要性を認識し、廃絶こそがいかなる状況においても核兵器が二度と使われないことを保証する唯一の方法である」と断じています。頼もしいね。

❻慣習的な事実が持つ規範力

批准国がもっと増えれば、核の「肩身」が狭くなる

K君――ところで、先生、核兵器禁止条約にまだ参加していない国に対して、どうやって規範力を及ぼしていくかっていう問題について、先生は「それには二つの道がある」と言われました。一つは僕が言った「非参加国に参加するよう働きかけること」だとして、もう一つは何ですか？

先生――それはね、ちょっと専門的な言い方をすれば、「事実的なものの規範力」を及ぼすっていう方法だね。

K君――何ですか、それ？

先生――例えば新型コロナ・ウィルス感染症の流行の中で「マスクの着用」が広く行われるようになったね。韓国なんかでは公共の場でマスクを着用していないと1万円ぐらいの罰金が科されることになったことは日本でもよく知られている。そういう罰金制はないけど、日本ではい

ま電車に乗ってマスクをしていない人を探すのは至難の業だね。年齢や性別や職業に関係なく、たいていの人がマスクをしています。別に、マスクをしないと法律違反になるという訳じゃないんだけど、日本ではたいていの人がマスクをしてますね。なぜだと思いますか？

K君―それは、マスクをかけることが感染防止に一定の効果があり、他人に感染させるのを防ぐ効果もあるという認識をみんなが共有して、公共の場でマスクをかけないのはエチケットに反する、あるいは、新型コロナ・ウィルスの感染拡大を防ぐ点で不適切な行為だとみんな思ってるからじゃないでしょうか。

先生―そうだろうね。別に法律で決まっている訳でも罰則があるわけでもないが、感染症が流行っている状況の下ではマスクをかけるのが適切な行為だという「暗黙の規範」、「言わずもがなの社会的ルール」が出来ているからだろうね。みんながそうやっていると、それが一つの「規範力」をもつようになる。これをちょいと難しい言葉で「事実的なものの規範力」っていうんだね。

K君―ある意味では私たちの生活は、改まって法律をつくって禁止したりしなくても、みんなが言わず語らずに守っているルールで成り立っているような面がありますね。

先生―そうだね。日本社会はそういう「事実的なものの規範力」が比較的有効にきいている社会だと言われるけど、ドイツの公法学者のゲオルグ・イェリネック（1851～1911）は、「一定の事実が反復されると、それを規範と認める心理が生じる」ことを指摘し、慣習的に反復された事実が「人々の行動を制約する力をもつに至る」と考えて、この規制力のことを「事実的なものの規範力」って呼んだんだね。学者が使う言葉は、ちょっと小難しいね。ある医学関係者に「キスとは何か？」って聞いたら、「球状筋肉の収縮状態における構造的並列」って答えたっていうジョークがありますが、確かに学者の言葉は日常語への翻訳が必要かもしれないね。

要するに、多くの人々が「こういう状況の下では、こう振る舞うべきだ」と考えて、それがある種の社会慣行として広まると、それと違う振る舞いをすることに「後ろめたさ」、時には「罪悪感」をさえ感じるようになり、慣行が規範力をもつようになるという訳だね。

K君――つまり、核兵器禁止条約がもっと多くの国々よって「好ましい規範」「守るべき規範」として受け入れられていけば、「核兵器を使用するなんてとんでもない反人類的な不適切行為だ」と考える人々、考える国ぐにが多くなり、そういう「事実的なものの積み上げ」が一種の規範力をもって、それに反する政策を掲げる国ぐにはますます「肩身が狭くなる」ということでしょうか。

先生――「肩身が狭くなる」はなかなかいい表現だね。そう、つまり、条約発効条件の50か国だけじゃなくて、80か国、100か国、120か国と批准国が増えて行けば、核保有国が核兵器を使ったり、核攻撃の脅しをかけたりしたら、それら多くの国々との関係が悪化してその国に大きな不利益がもたらされるような状況ができれば、核保有国もやたらに核兵器による威嚇をちらつかせたりできなくなるね。

K君――「赤信号、みんなで渡れば怖くない」の反対ですね。

先生――なるほど、そう言えなくもないかな。つまり、良識ある人間なら誰もやろうとは考えないようなことを平気な顔してやることは難しいよね。

K君――でも、先生、歴史上でも例えばアドルフ・ヒトラーのように平気でユダヤ人の大量虐殺をするような常識破りの政治指導者が現れますので、油断はできません。

先生――そうだね。しかし、そういう独裁者だって最初からそんな反人権的な政策を掲げて登場した訳じゃないよね。ヒトラーだって選挙によって合法的に首相の座につき、権力を手中に収めてそこから専横、傍若無人の道に突き進んだ。国民の不満を束ねて、そのエネルギーをぶつけるべき「敵」をつくり出し、国民を熱狂の渦に巻き込んでいく。みんなが「ハイル・ヒットラー！」（ヒトラー万歳）と叫びながら腕を斜め前に突き出すしぐさをやっているうちに、それがイエリネックの言う「事実的なものの規範力」になって国民の洗脳化が進み、しまいにはカルト宗教と同じように、「教祖」ヒトラーに逆らうことなんか到底不可能になっていった。怖いねえ。

K君――2020年のアメリカ大統領選挙でも、熱狂的なトランプ支持者の中にちょっとそんな気配を感じたのは僕だけじゃない気がします。とにかく、心のうちを自由に打ち明けられないとか、自分の考えを自由に主張も出来ないなんていう社会は、僕はゴメンこうむりたいですね。

❼切り離された原発問題

「忖度全体主義」の怖さ、原子力ムラにも

先生――僕も「自由の抑圧」は最も御免こうむりたいことの一つだけど、日本でもいま「忖度《そんたく》」という形で自由にものを言いにくい状況がつくられつつあると思わない？「首相が国会であ答弁した以上、この資料はあっちゃまずいから、なかったことにしよう」なんてね。その結果、官僚の中に自殺者まで出たけど、首相官邸は素知らぬ顔だね。日本学術会議の会員任命の問題にも、そういう気配を感じます。

K君――先生は常々「忖度全体主義」に警戒するように呼びかけてますね。

先生――お～、そんなことまで知ってるの！今日は主題からそれるから深入りはしないけど、「要警戒」だと僕は思っています。いま日本で進んでいるのは、たんなる「忖度」じゃなくて、「忖度自主規制の強制」なんだね。忖度の「忖」の字は、りっしん偏「忄」に一寸、二寸の「寸」で、「心を推し量る」という意味だね。忖度の「度」は度合や程度の「度」だから、忖度自主規制は「人の心を推し量って、『こんなことは言わない方がいい』、『こんなことやると迷

惑がかかるだろう』とか先回りして考え、自分の行動や発言を手控えること」を意味します。学術会議事件でも、なんで安保法制や共謀罪に反対した人文科学系の研究者6人が狙い撃ちするかのように任命拒否されたのか。首相も、「人事に関することなので任命拒否の理由は申し上げられない」の一点張りで、明らかにしようとしない。こんなことを許していると、「政府から嫌われるような先生のゼミに行くと就職に差し障るんじゃないか」とか、「あんな先生と共同研究を組んで科学研究費の申請をしたら認められないじゃないか」とか勝手に思い込み、そういう気骨のある教育・研究者を社会的に孤立させることになるでしょう。政府の考えに合わない人を排除して「仲良しクラブ」をつくってしまうと、危うい政策をただす人がいなくなり、戦争への道や福島原発事故のような政策災害の危険性を警告する人がいなくなるので、とても不安です。

僕は東京大学医学部の文部教官助手だった約半世紀も前に日本の原発政策を批判して、「村八分」にされるようなアカデミック・ハラスメントを体験しました。そうした体験を踏まえて、ある本に日本の原発問題について次のように書きましたが、これは大事なことだと思っています。ちょっと固い表現ですが、紹介しておこうかな。

「アメリカの対日戦略の延長線上で国家が電力資本と結合して『原子力ムラ』の骨格が形成され、実証性を欠いた原子力安全技術を権威づけるために『異を唱えぬ専門家』や『推進派の専門家』が利用され、電源開発促進税法によって電力消費者から徴収した財源による特別交付金をエサに地方自治体が誘致に駆り立てられ、『豊かな地域づくり』を標榜《ひょうぼう》して住民たちは推進派として組織されてきた。それによって『原発推進総動員・翼賛体制』とでも呼ぶべき巨大な『原子力ムラ』が築かれた一方、批判者は抑圧して『ムラ』から放逐し、その言い分を一顧だにしない――これが、この国の原発政策を『緊張感を欠いた独善的慢心』に陥れ、破局に向かって走らせた背景にあったと感じている」

やっぱり、ちょっと固いね。ちなみに、核兵器禁止条約では、その「前文」の中で、「本条約のいかなる内容も、締約諸国が一切の差別なく平和目的での核エネルギーの研究と生産、使用を進めるという譲れない権利に悪影響を及ぼすとは解釈されないことを強調する」と書かれており、原発問題は切り離されている。だから、福島原発事故を体験した日本の市民は、核兵器禁止条約の議論とは別に、エネルギー政策として原発への依存を続けるのかどうか、しっかり考えなければいけないね。

さて、話題を元に戻そうか。

核兵器禁止条約の「規範力」の問題だけど、「核兵器禁止条約は守るべき人類的規範だ」という機運を世界に育てるためには、K君はどうすればいいと思う?

K君――それは、ちょっと遠回りのように見えますが、やっぱり「核兵器がいかに危険なものか」「それを使うことがいかに非人道的なものか」をみんながちゃんと学ぶということではないでしょうか?

先生—そう、そのためにも、いま急速に命が失われつつある原爆被爆者の生き証言を世界に送り届けるために、電子技術を積極的に活用しようということだったね。同時に、「核兵器なんかどうせ存在しても使われないからいい」という安易な考えを克服して、懸念すべき現実の問題、解決すべき人類史的課題だという問題意識を共有するようにしなくてはね。広島・長崎の被爆の実相を見れば、核兵器なんか本来存在すべきものじゃないし、ましてやそれを人類に対して使うことを前提に安全保障政策を組み立てるなんてもっての外だと感じるだろうね。人類が核兵器で他国民を脅して平和を保つなんていう反人権的な政治思想に染まり、それを実践したことによって社会・経済的にもどんな病巣を抱え込んでしまったのか、マジに考えてみたいね。

K君—具体的にどうすればいいでしょうか？

先生—運動の方向性だけじゃなくて、「実際にどうすればいいか」を考え、実践することは一番大事なことだよね。能書きや理想を述べるだけじゃなくて、「では自分に何ができるか」を考えることは重要なことだね。この点は、K君を含めて何ができるか、いろんな角度から考えて、まとめてみようか。

K君—是非そうしましょう。具体的にどういう行動をとればいいか、これはとても大事な問題ですね。あとの議論を楽しみしています。

先生のコラム1

核開発を勧める手紙を謝罪

アルバート・アインシュタイン

　私が中学時代までに習った物理学は「ニュートン物理学」でした。ひずみのない「空間」と、一様に流れていく「時間」があって、物理現象はその「時空」のなかで整然とニュートン力学の方程式とぴた一文狂わずに起こりました。フランスのルベリエとイギリスのガレが、天王星の動きがケプラーの惑星運行の法則から外れるのは、天王星よりも外側の未発見の惑星が引力を及ぼしているせいだと考え、「ニュートン物理学」に基づいてその位置を予言し、見事に見つけてしまいました。私は涙が出るほど感激して、科学者になろうと決心しました。

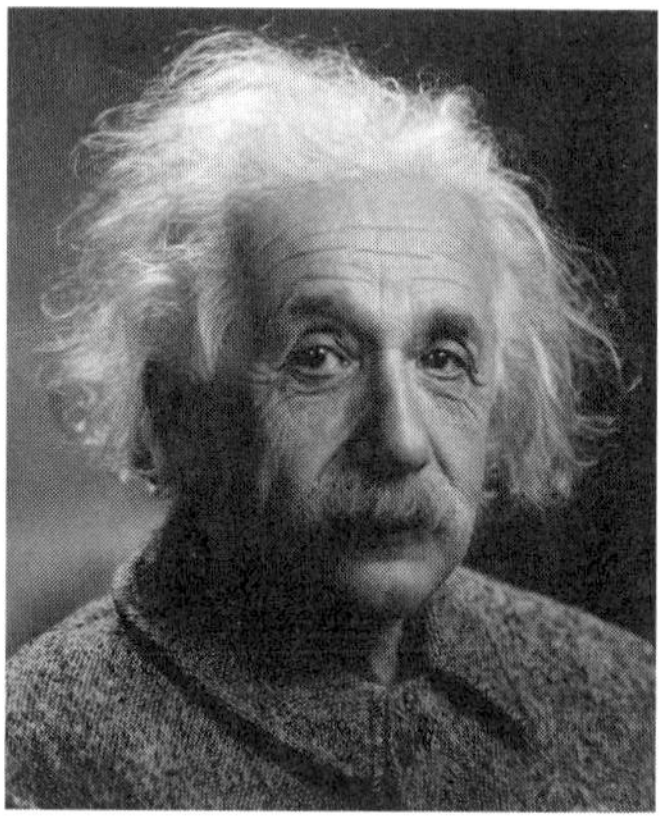

　それをあのアインシュタインが根底からぶち壊したんですね。
　1905年に発表された「特殊相対性理論」によって、「ひずみのない空間」や「一様に過ぎる時間」の概念は否定され、空間や時間は物体の速度によって伸びたり縮んだりすることが示されました。それを理解した時、ニュートン力学を包摂する相対性理論による自然理解の体系的「美しさ」に、また涙が出ました。やっぱり、科学者、やめられないなあ。

アインシュタインは学校では暗記科目が大嫌いで、ギリシャ語などの科目は徹底的に勉強しませんでした。だから、チューリッヒ工科大学の入学試験でも失敗しましたが、数学と物理の点数は抜群だったため条件付きで翌年の入学が認められました。在学中は教授に反抗していたので助手になれず、卒業後は保険のセールスマンをしながら論文を書きました。それでも革新的な理論を発表し、特許庁の審査官を経て、チューリッヒ工科大学教授に就任しました。

歯に衣着せぬ言い方でよく人を傷つけたらしく、自分の子どもにもあまり会おうとせず、家庭内暴力もあって、妻や元妻も「夫としては失格だった」と証言しています。

アインシュタインは、ユダヤ人科学者レオ・ジラードの求めに応じてアメリカ大統領に核開発を勧める手紙を書きましたが、自らは原爆開発に参加しませんでした。日本人初のノーベル賞受賞者である湯川秀樹博士がアメリカ滞在中には、アインシュタインが湯川さんを訪れて、「原爆で何の罪もない日本人を傷つけてしまいました。許してください」と号泣したとも伝えられます。

1954年、アメリカは第二次大戦5回分相当（！）のビキニ水爆実験を行いましたが、イギリスの哲学者バートランド・ラッセルとともに「ラッセル＝アインシュタン宣言」を発して、核兵器の危険性をうったえ、世界の原水爆禁止運動にも影響を与えました。

アインシュタインといえば「ベロ出し写真」が有名ですが、74歳の誕生日に取材に来たカメラマンから「笑ってください」と言われて、とっさに舌を出したようです。

第2講

核兵器システムってなに?

❶戦争遂行に必要な3要素

タイミングよく、核弾頭を送り込む「システム」

先生――核保有国とその同盟国が核兵器を持ち続けようとする背景には、「核抑止論」という考え方に依拠した「核抑止政策」という政策があるからだね。これはK君の理解ではどんな考え方ですか？

K君――核兵器をもって他国ににらみを利かせ、もしも軍事攻撃なんかしかけたらただじゃ置かない、核兵器をお見舞いするよって脅しをかける政策だと思います。表向きは「核兵器による威嚇によって戦争を抑止しようとする平和政策」ということでしょうが、なんだか、自分が持っている暴力装置を正当化するために考え出された屁理屈のようにも感じますし、何よりも、いくつもの核保有国がそんな理屈で核兵器による睨《にら》み合いを続けて本当に大丈夫なのか、不安があります。

先生――ところで、「核兵器」って何を意味するのかな？

K君――えっ？今さらながら改まってそう聞かれると、どう答えていいのか一瞬戸惑いますね。僕の理解では、核兵器とは「原爆や水爆みたいに核エネルギーを破壊や殺戮《さつりく》のために利用する兵器」のことだと思います。

先生—そうだね。しかし、それは、「核兵器システム」の中の「核弾頭」の説明にとどまっている気がするね。仮にK君が言った原爆や水爆のような核兵器を保有していても、それをタイミングよく正確に敵地に送り込む攻撃手段が必要だよね。

K君—そりゃあそうです。飾り物じゃないんだから、どんなに威力のある核兵器をもっていても、敵の状況に合わせていつでも使える実戦使用可能な状態にしておかなければならないでしょうし、発射したら目標に正確に命中することを示さないと「脅し」にもならないでしょう。仮想的か現実的かは別として、とにかく「敵」がいまどんな状況にあるのか、とくに相手が核保有国の場合なら、核攻撃の兆しや準備をしていないかどうか、敵の核兵器を運ぶミサイルや潜水艦や爆撃機がどんな状況なのか、敵はどこから核兵器を発射するつもりなのかなどの情報も知る必要がありますし、その状況に適応して自国の核兵器を正確に攻撃目標に送り届ける手段を絶えず準備万端整えておかないといけないと思います。

先生—そのとおりだね。なかなか大変だと思わない?

つまり核兵器を戦争遂行のための一つのシステムと考えると、必要なものは、核弾頭、運搬手段(あるいは、搭載兵器)、指揮・管制・通信および諜報システムの三つの要素がある。これらを合わせて「核兵器システム」って呼ぶ。

K君――なるほど、一口に「核兵器」といっても、これら三つの要素を考える必要がある訳ですね。そうか。北朝鮮も核実験に続いて盛んにミサイル実験やってたなあ。人工衛星を打ち上げられるようになったら、世界中の国に核兵器を運搬できるわけですね。

❷核弾頭

1グラムの質量は、長崎原爆のエネルギーに匹敵する

先生――「核弾頭」はK君が言ったとおり、核エネルギー、つまり、原子核分裂反応（核分裂反応）や原子核融合反応（核融合反応）を連鎖的に起こして、通常兵器とは桁違いのエネルギーを放出させる兵器で、爆風、熱線、放射線の三つの要素を破壊や殺戮に用いる兵器のことだね。実際には、核分裂兵器である「原子爆弾」（原爆）、核分裂と核融合を合わせ技で用いる「水素爆弾」（水爆）、特殊な水爆で放射線を放出する割合をうんと高めた「中性子爆弾」（放射線強化兵器）などがあるね。

広島は「ウラン原爆」、長崎は「プルトニウム原爆」が使われた。ウラン原爆というのはウラン235という核物質に中性子という粒子を当てるとウランの原子がパカッと二つに

割れて、その時に「質量の一部がとてつもないエネルギーに変換される」という原理を利用している。プルトニウム原爆というのはプルトニウム239っていう人工の核物質に中性子を当てるとプルトニウムの原子がパカッと二つに割れて、その時に「質量の一部がとてつもないエネルギーに変換される」という原理に基づいている。

K君―ちょっと待ってください、先生。「質量の一部がとてつもないエネルギーに変換される」ってどういうことですか？「質量」っていうのは、「1円玉の質量は1グラムである」とかいう時のあの「質量」のことですか？

先生―そのとおり。質量っていうと、なんか物質がじっとしているときのその物質の量を表すというイメージですが、いまから百年以上も前の1905年に、アルバート・アインシュタインっていう物理学者が、「質量はエネルギーの塊である」っていうことを発見したんだね。

K君―アインシュタインっていうと「相対性理論」というのを思い出します。もっとも習った時も何のことかサッパリ分かりませんでしたが(笑)。

先生―まあ、深入りする必要はないんだけれど、アインシュタインによれば「1グラムの質量をエネルギーに換算すると長崎原爆のエネルギーに匹敵する」っていうんだね。つまり、長崎上空でプルトニウム原爆が爆発した時、1グラムの質量がこの世から消え失せて破壊エネルギーに変換されたっていうことです。この1グラムの質量がエネルギーに変換された時に放出されるエネルギーは、1グラムのTNT火薬（トリニトロトルエンという高性能火薬）が爆発した時のエネルギーの約200億倍です。

K君——ひぇ〜！ 先生が「通常兵器とは桁違いのエネルギー」と言ったのは、そのことですね。

先生——核弾頭はそういう途方もない破壊エネルギーを内蔵した特殊兵器です。

K君——さっきの先生の分類で、原爆と水爆はウラン235とかプルトニウム239とかの核分裂反応を使う兵器ですが、質量の一部がエネルギーに変わるってどういうことですか？

先生——ちょっと天秤ばかりで説明してみようか。実際には原子は天秤ばかりじゃ測れないけど、原理はこれでわかるでしょう。左の皿にウラン235の原子核と、それにぶつける中性子が1個載ってますね。ウラン235に中性子をぶつけると右の皿のように、ウラン235の原子核がパカッと割れて二つの核分裂破片になり、そのとき二つ三つの中性子がこぼれ落ちます。核分裂でできた破片とこぼれ落ちた中性子を全部集めて右の皿に載せて、核分裂が起こる前の質量と比べてみると、おや不思議、軽くなっちゃってる。

K君——もしかすると、その軽くなってしまった質量の分がエネルギーに転換されたってことですか？

先生——そのとおり。プルトニウム原爆の場合も原理は全く同じです。

水素爆弾の中には原爆が詰まっている

K君——水爆の場合はどうなんですか？

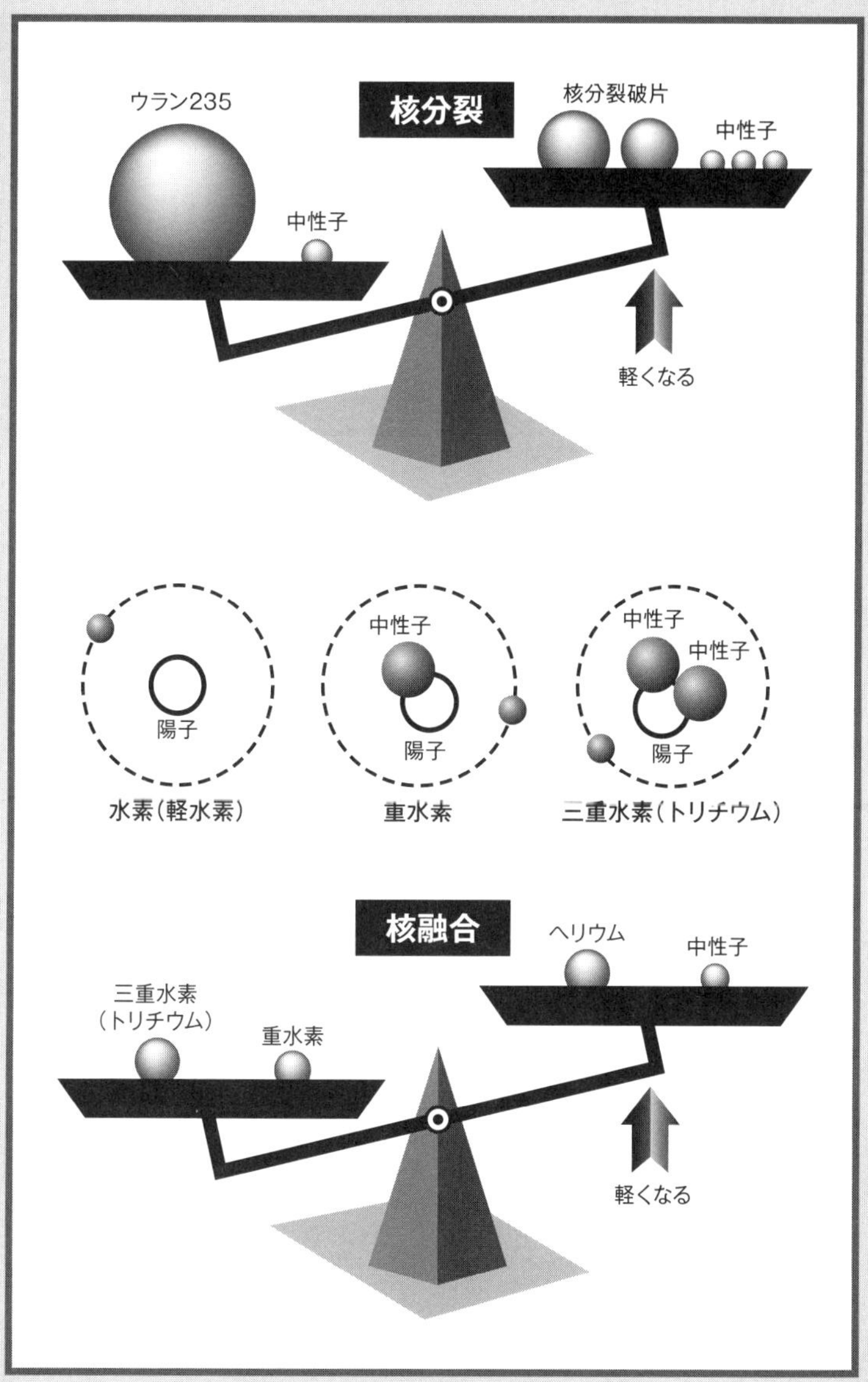
核分裂
ウラン235
中性子
核分裂破片
中性子
軽くなる
中性子
陽子
水素(軽水素)
中性子
陽子
重水素
中性子
中性子
陽子
三重水素(トリチウム)
核融合
三重水素
(トリチウム)
重水素
ヘリウム
中性子
軽くなる

先生―原爆ではウランやプルトニウムっていう重い原子を使いますが、水爆では水素という軽い原子を使います。

水素っていうのはこの世で一番軽い原子で、原子の真ん中に「陽子」という粒子があってその周りに電子が1個まわっている単純な構造です。ところが、自然界にもごく僅か、陽子に中性子が1個くっついた水素原子があって、「重水素」って呼ばれてます。原子の種類は陽子の数で決まっているので、これも「水素」には違いないが、中性子が余分にある分だけ重いので「重水素」っていうんだね。ところが人間はもう1個中性子をくっつけた「三重水素」（トリチウム）っていう水素原子も人工的に作りました。水爆ではこの重水素と三重水素を使います。

図の天秤ばかりのように、三重水素と重水素の核融合反応を起こさせるとヘリウムが生成されて、中性子が1個こぼれ落ちます。この時も、反応の前と後で質量が軽くなって、それがエネルギーに変換されて放出されるんだね。

K君―でも先生、三重水素と重水素ってそんなに簡単に融合するんですか？

先生―いやいや、そんな簡単には核融合反応は起こらない。だから「水爆」では、まず「原爆」を爆発させて、その強烈な熱と圧力で重水素と三重水素の核融合を起こすしかけになってます。つまり、水爆には原爆が入ってるんだね。

K君―僕は「化学反応の前後で質量の総和は変わらない」という「質量保存の法則」っていうのを

習って、ついさっきまでそれが正しいと思っていたんですが、核反応では質量は保存されないんですね。

先生―そう。K君は、十分理解できなかったにしても「相対性理論」についても習ったようだけど、その時に有名な「$E=mc^2$」っていう式を習わなかったかい?

K君―はい、確かに「イー・イコール・エム・シー・ジジョウ」って聞きましたし、アインシュタインの写真の下にこの式が書いてあったのを何となく記憶してます。

先生―この式で「m」っていうのが質量のことで、「E」っていうのがそれをエネルギーに換算した値だね。問題は「c」だけど、これは「真空中の光の速さ」で「毎秒3億メートル」(300,000,000m/秒)という値です。アインシュタインが発見したこの式はものすごい式でね。m(kg)の質量をエネルギーに換算すると「m(kg)×300,000,000(m/秒)×300,000,000(m/秒)」のエネルギーに匹敵するというんだね。

例えば、1グラムの質量の場合ならm=0・001(kg)だから、E=0・001(kg)×300,000,000(m/秒)×300,000,000(m/秒)=90,000,000,000,000(kg・m²/秒²)になります。科学者は「kg・m²/秒²」って書くのは面倒だから、この単位のことを一括して「ジュール(J)」って呼んでます。つまり、1グラムの質量をエネルギーに換算すると90兆ジュールになるという訳です。もしも「カロリー」っていう単位の方がなじみ深いとすれば、1カロリー=4・184ジュールだから、

米国は1946年、太平洋のビキニ環礁で原爆実験を開始した
(World History Archive/ニューズコム／共同通信イメージズ)

上の値を4・184で割って、E≒21兆5千億カロリーだね。

原爆はTNT火薬の200億倍のエネルギーがある

K君―これは「1グラムの質量をエネルギーに換算した値」ですが、さっき先生が言ったTNT火薬1グラムが爆発した時のエネルギーと比べるとどれくらい大きいんですか?

先生―TNT火薬1グラムが爆発した時のエネルギーは「980〜1100カロリー」と幅があるので、計算に便利なように「TNT火薬1グラム＝1000カロリー」と定義されている。だから上の数値を1000で割ればいいので、21，500，000，000倍、つまり、215億倍です。

K君―アッ、それで先生はさっき「約200億倍」と言ったんですね。

先生―うん。長崎原爆の場合、およそ1グラムの質量が破壊エネルギーに変換されたんだけど、いま説明したみたいな面倒くさい計算しなくても、多分K君は「長崎原爆の威力はTNT火薬換算で22キロトンだった」って聞いたことあると思うね。

K君―はい。広島は約16キロトン、長崎は21〜22キロトンって聞きました。

先生―22キロトンっていうことは、1キロトン＝1000トン、1トン＝1000kg、1kg＝1000gだから、22キロトン＝22×1000×1000×1000g＝22，000，000，

000,000g、つまり220億グラムだね。TNT1グラムの爆発エネルギーの220億倍だ。

K君──なるほど。約200億倍っていう訳ですね。ところで先生は、原爆と水爆のほかに、もう一つ、「中性子爆弾」っていう特殊な水爆があるって言いましたが、どこが違うんですか?

先生──ふつうの原爆や水爆は強烈な爆風と熱線で建物を壊し、人の命を奪うのが主で、放射線はむしろ「望まれない副産物」なんだよね。ところが中性子爆弾は逆転の発想でね、爆風や熱線をできるだけ抑えて、中性子線やガンマ線などの放射線を大量に放出する「放射線強化兵器」なんだ。だから建物が破壊されずに残っても、そこを貫いてきた放射線によって人間があぶり殺されるようなことになります。

K君──人間って戦争のような状態になると、そんな手の込んだ殺し方まで開発するんですね。

先生──中性子爆弾の開発を指導したのはサミュエル・コーエンっていう科学者だけど、「中性子爆弾は爆風で手足をもぎ取るわけでもなく、熱線であぶり殺すわけでもなく、放射線で静かに人を殺すだけだから『人道的な兵器』だ」と言ったと伝えられますが、K君が言うように、国家間の殺し合いとしての戦争という状況下では、科学者も人の命に無頓着になり、どっちの殺し方がより人道的かといった発想に陥ったりするんだね。そして、自分が開発に関与した殺人兵器についてもあれこれと「言いわけ」をする。

K君──怖いですね。

先生―K君はフリッツ・ハーバー（1868〜1934）っていうドイツのユダヤ人科学者について聞いたことはないかな。彼は空気中に含まれる窒素からアンモニアを合成する方法（ハーバー・ボッシュ法）を開発した業績でノーベル化学賞を受賞した科学者なんだけど、この技術は窒素肥料の生産に革命をもたらし、産業革命以降、爆発的に増えつつあった人口を養う食糧生産のために大いに貢献した。

ところが、一方では、彼は「毒ガスの父」とか「化学兵器の父」とも呼ばれており、第一次世界大戦で祖国ドイツのために毒ガス開発に努力した。妻のクララも化学者だったんだが、夫のそういう生きざまがイヤでピストル自殺して死をもって抗議した。当のハーバーは、毒ガスの開発について、「戦争を早く終わらせるため」と言っていたんだね。

K君―原爆投下についても似たようなことを聞いた覚えがあります。なんかやっぱり「言いわけ」めいて聞こえますね。

先生―戦争という状況下では、「敵を殺すこと＝国家的善」とされるから、そこはあまり深刻に悩む必要がなくなる。だからあとは「殺し方」の問題になってしまう。まるで、「ピストルで殺す」のと「ナイフで殺す」のと、どっちが人道的かといった問題だね。「殺すんなら苦しませずに殺す方が人道的だ」というような気分が生まれます。

もう40年ぐらい前になるけど、原水爆禁止運動でヨーロッパから日本を訪れた活動家に、「おもてなし」のつもりで「鯛《たい》の活造り」を出した。ところが彼らはピクピク動く鯛を見て、「半殺しにして食を楽しむなんて、日本人は何と残酷なんだ」って感じたらしい。戦争と料理じゃ次元が違うけど、両方とも考えさせられるね。

❸運搬手段

「マッハ効果」最大の地上600メートルで原爆は爆発した

〈爆撃機〉

先生――「運搬手段」には大きく分けて、爆撃機、ミサイル、潜水艦などが使われる。もちろん戦場レベルでは、原子砲や核地雷もあります。
広島・長崎への原爆投下に使われたのは、いずれも「爆撃機」でしたね。B29という爆撃機が使われましたが、1万メートルぐらい上空から4トンぐらいもある重い核爆弾を自然落下させた。

K君――1万メートルも上空から落としたら、いくら4トンもある原爆と言っても風に流されたりして、攻撃目標に命中しにくくなるんじゃないですか？ どうしてもっと低空から落とさないんですか？

先生――原爆は地表面で爆発させるより、地上500～600メートルで爆発させた方が破壊効果が大きい。地表で爆発させると地面に大きなクレーターをつくるためにエネルギーが使われてしまうので、広い範囲を破壊するのには向かない。原爆が爆発すると「衝撃波」が出ますが、衝撃波自体は案外身近にあって、雷の「ゴロゴロ、ド～ン！」っていう音や、超音速爆撃機・旅客機が飛んだときの衝撃音なども衝撃波だね。要するに、大気中で猛烈なエネルギーが放出された時などに生じる「音速以上の速さで伝わる強烈な気圧変化の波」で、原爆でも当然発生します。

この衝撃波は地表に達すると反射されますが、もともとの衝撃波と反射衝撃波が相互作用を起こしていっそう破壊力を増す効果のことを「マッハ効果」という。この「マッハ効果」が最大になるのが、地上600メートル付近で爆発させたときなので、原爆は1万メートルから投下して地上600メートル付近で爆発するように計画されました。1万メートルから600メートルまで原爆が落下するのにかかる時間は42～43秒です。その間に投下した爆撃機は原爆の影響があまり及ばない地点まで逃げるんだね。だから、これ以上低いところで投下すると逃げきれない恐れがあるので、命中精度が多少悪くなることは承知のうえで、1万メートル上空から投下したんだ。それに1万メートル上空なら、日本の地上から迎撃する高射砲のヒョロヒョロ弾も届かないしね。当時、日本軍が配備していた主力の高射砲の75ミリ砲と88ミリは1万メートルには届かなかったし、高度1万メートルのB29を狙い撃ちできる15センチ高射砲は、東京都杉並区久我山にしか配備されていなかった。だから1万メートルは安全圏だね。

K君―なるほど。

先生―時間を稼ぐには他の方法もなくはない。一つは爆弾にパラシュートをつける方法だけど、そうすると爆弾自体が風に流されてとんでもないところに落下するおそれがあるね。広島原爆の投下時には、同時にパラシュートをつけた計測器が投下されたんだけど、約1時間後に爆心から北北東に15キロメートルも離れた場所に落下している。だから、パラシュートをつけて投下するのは低空から小型の弾頭を落とすときに限られる。4トンもある爆弾じゃ、とても無理だね。

K君―そうですね。

先生―もう一つの方法は「トス爆撃法」という方法で、投下前に爆撃機を急上昇させ、斜め上に放り投げるように爆弾を投下する方法だね。バレーボールで「トス」っていうパスの仕方があるでしょう。小型の核爆弾の場合に応用される方法だけど、4〜4・5トンもある広島・長崎原爆ではとても無理だね。「トス爆撃法」の場合、爆弾は放り投げられた後は放物線軌道を描いて飛んでいくので、その間に爆撃機は逃げることができるけど、やっぱり命中精度は落ちるね。

K君―先生、爆撃機の場合、発進基地から原爆投下地点まで行くにはうんと時間がかかるし、敵のレーダーで見つかっちゃうんじゃないですか？

先生―今の戦略爆撃機は「ステルス技術」といって、敵のレーダー電波を表面に施した電波吸収材で吸収しちゃう。電波を反射しないから、敵のレーダーに映らない。日本がアメリカから爆買いする１４７機のＦ35もステルス爆撃機だね。

K君―戦争技術もどんどん進歩するんですね。もっともそれを「進歩」と呼ぶべきかどうか。

兵器開発進める支配欲、利潤動機、好奇心に警戒を

〈ミサイル〉

K君―変な言い方ですが、このごろはやっているのは「ミサイル」ですね。

先生―そう、ミサイルは現代の核兵器運搬手段の主流だね。ミサイル技術は宇宙開発でも使われています。ミサイルというのは、ロケット・エンジンやジェット・エンジンを使って目標に向かって飛んでいく兵器で、「弾道ミサイル」と「巡航ミサイル」があるね。

このうち「弾道ミサイル」は、主にロケット・エンジンで推進し、発射後、上昇しながら速度を増し、ロケットが燃え尽きた後は、野球のホームラン・ボールと同じように、そのまま放物線を描いて目標地点に落ちて行きます。ミサイルは、地上の固定基地から発射するやり方だと、ミサイル発射基地そのものが狙われやすいから、人工衛星でも見えないような

頑丈な地下施設から発射したり、あちこち動き回る列車から発射したり、潜水艦から発射したりします。弾道ミサイル自体は命中精度が低くなりがちだけれど、どこから飛んでくるか事前に分からないので迎撃される可能性が低く、核兵器運搬手段として優れていると言われるね。

K君―弾道ミサイルの場合、1個の弾頭を運ぶのに1発のミサイルが必要なんですか?

先生―いや、それじゃまどろっこしいから、結構早い時期から1発のミサイルに複数の弾頭を積めるようにした。それもだんだん進歩して、ただ複数の弾頭に分かれて迎撃されにくくする(MRV)だけじゃなく、一つ一つが異なる目標に向かったり(MIRV)、さらにはそれらの切り離された弾頭の目標への誘導技術を改良したり(MaRV)して、いっそう手のこんだものになったね。

K君―もう一つの「巡航ミサイル」っていうのはホームラン・ボール式とは違って、グニャグニャと方向を変えながら

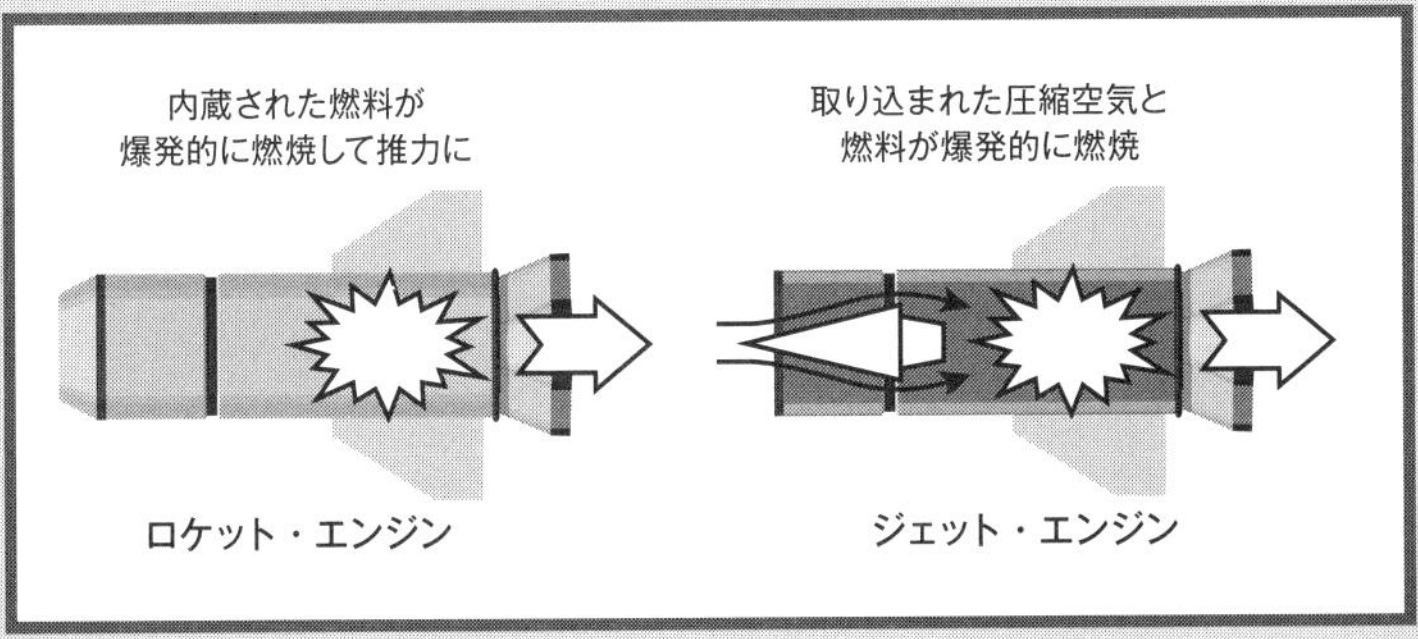

飛んでいくんでしたっけ？昔、トマホークっていう巡航ミサイルがありませんでしたか？

先生――あったよね。「巡航ミサイル」は飛行機と同じように翼とターボファン・エンジンのようなジェット・エンジンをもち、海面や地面すれすれに水平飛行して目標まで到達するミサイルだね。これもどんどん進歩して、今はGPSを利用した高度誘導システムで目標に正確に誘導される。

K君が言った「トマホーク」っていうのは、アメリカのゼネラル・ダイナミック社が開発した巡航ミサイルで、潜水艦や巡洋艦などから発射される海洋発射型の巡航ミサイルだった。ヒョロヒョロって空気中に打ち出されたミサイルは前後・左右・上下方向での自分の速さについての情報をもとに、自分でちゃんと目標に向かっているかどうかをコンピュータで割り出しながら飛ぶ。途中からは「地形等高線照合誘導（ターカム）」と言って、低空を飛びながら目標地までの地形情報に基づいて自分を制御する。今はそのうえ、さらにGPS情報で自分の正確な位置を把握できるから、もっと正確になったたね。湾岸戦争では297発のトマホークが発射されて、実に95％に当たる282発が命中した。地上すれすれに飛んでくるからレーダーにも映らないので、どこから飛んでくるかも分からない。厄介だね。

K君――やっぱり、いつどこから飛んでくるか分からないっていうのは一番不気味ですね。それにしても、人間って賢いようでありながら、国が戦争を遂行する体制をつくる政策を立てて、できるだけ敵の脅威になるような兵器体系を開発せよって号令を出すと、科学者や技術者もトコトン残虐で複雑な兵器体系を開発しちゃうんですね。高度で複雑な技術を開発することは、きっと技術者にとっても最前線の技術開発に自分の知恵を発揮できるようなある種の「喜び」というか、「達成感」みたいものを感じるんでしょうね。

先生——心の奥で「うしろめたさ」みたいなものを感じる人もいるだろうけど、そういう人は自分のやっている研究なり技術開発なりを正当化する何らかの理由を考えるだろうね。

ヴェルンヘル・フォン・ブラウン(1912〜1977)って聞いたことないかな?ドイツの科学者で、第二次世界大戦の時、ドイツに居ながらにしてイギリスを攻撃できるV2ミサイルを開発するために指導的な役割を果たした。戦後はケネディ大統領の要請を受けてアメリカにわたり、アポロ計画や対ソ戦略兵器である大陸間弾道ミサイル(ICBM)開発で指導的な役割を果たした。そして1977年に亡くなったんだけど、「彼は『技術は何のためにあるか』なんて考えるヒマがあったら計算用紙に取り組んだという人だった」っていう論評もあったくらい、ミサイル開発に入れ上げていた。幼いころから宇宙旅行に憧れ、実際にロケットやミサイルの開発に携わるのが夢だった。アメリカに渡った時、ナチス・ドイツへの協力に対する批判にもさらされたが、「宇宙に行くためなら悪魔に魂を売り渡してもいいと思った」って弁明したことも良く知られています。ちょっと怖いね。この世では「支配欲」「利潤動機」「好奇心」っていうのは「三大要注意要素」かな。

分秒を争う「ボタン戦争」はどんどん複雑化している

先生──最後の「指揮・管制・通信および諜報システム」だけど、こんな言葉は日常生活では絶対に使わないだろうね。

K君──それぞれの言葉は何となく分かるような気もしますが、全体として何を意味するのか、ピンときません。

先生──もともとアメリカ国防総省で使われている軍事用語で、指揮（Command）、管制＝情報を管理して必要に応じて制限する活動（Control）、通信（Communications）の三つのCに、諜報＝敵の情勢などを秘密裏に探る活動（Intelligence）のIを加えて「シー・キューブド・アイ」（C^3I）とか「シー・スリーアイ」（C3I）とか呼ばれている。

このようなシステムが導入された背景には、航空機の登場などで戦争のテンポがどんどん速くなり、戦場の規模も広域化してとても人間の視聴覚や電話通信などの原始的手段に頼っていては戦争が戦えなくなった事情があるね。そのうえ、ミサイル時代の到来で、場合によっては地球規模の核戦争を分秒を争って戦わなければならない。「ボタン戦争」なんていう言葉も生まれた。大変だね。

それでコンピュータやデータ通信技術が導入されて、電子技術を中心としたＣ３Ｉシステムが登場した。全地球規模のＣ３Ｉシステムには、例えば、アメリカ国防総省の「全世界軍事指揮統制システム」（WWMCCS）とか、「グローバル指揮通信システム」（GCCS）があって、大統領や国防長官からの命令を各作戦部隊に伝える仕組みができている。でも、大統領は人間だから、あんまり粗雑で乱暴な大統領じゃ危なくてしょうがないね。軍の最高命令権者は理性的にふるまうことが前提です。

日本にも防衛省の「中央指揮システム」（CCS）という戦略レベルのＣ３Ｉシステムがあるし、陸海空の自衛隊にもさまざまな作戦に応じたそれぞれの作戦レベルのＣ３Ｉシステムがあるね。

K君―先生のお話を伺うと、現代の核兵器システムっていうのは単に核弾頭の問題だけじゃなくて、かなり複雑なんですね。

先生―だから、核兵器禁止条約を考える場合にも、核弾頭だけじゃなくて、包括的な視点からの検討が必要になります。あとで条約に即して考えてみようか。

先生のコラム2

TNT火薬

核兵器の威力換算に利用

TNT火薬というのは「トリニトロトルエン」という化学物質を利用した爆薬です。化学式は$C_7H_5N_3O_6$で、化学構造はこの図の通りです。

1863年にドイツの化学者ヨーゼフ・ヴィルブラントが、初めて合成に成功しました。当時は黄色の染料として用いられており、爆薬として利用できる可能性については認識されていませんでした。1891年になるとドイツで工業的規模での大量生産が始まり、1901年に、ピクリン酸に代わって主要な爆薬として使われるようになりました。

今では、核兵器の威力は一般に、同じエネルギー

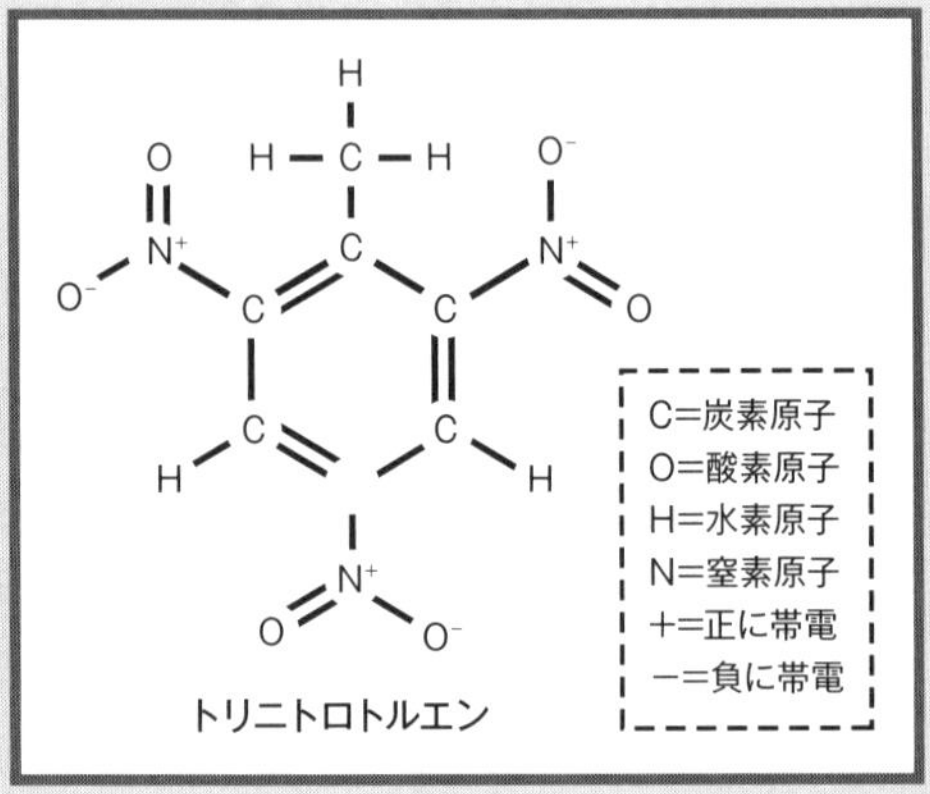

のTNT火薬の重量に換算して表わされます。例えば、1954年に中部太平洋のアメリカがビキニ環礁で行なった水爆実験は、その威力が15メガトンでした。「メガ＝100万」のことなので、15メガトンはTNT火薬1500万トン相当ということになります。

アメリカの宇宙科学者カール・セーガンらが「核の冬」研究で明らかにしたところによると、1939〜1945年の第二次世界大戦で使われたすべての砲弾・爆弾・銃弾の威力を合計すると約3メガトンということです。ということは、ビキニ水爆はたった1発で第二次世界大戦5回分にあたることになります。

これまでに人類が行なった最大の核爆発は、1961年のソ連の「ツアーリ・ボンバ」という水爆で、爆発威力は約50メガトン。第二次大戦17回分でした。この時の実験では、爆発で発生した衝撃波が地球を3周したと言われています。

もっとも、あまり大きな威力の核兵器は広大な範囲に放射能汚染を残すので占領するにも不都合で、現在では「狙った獲物を確実に仕留める」小型の核弾頭開発が進められていますが、これらは実戦使用を念頭に置いていますので、これはこれで非常に恐ろしいですね。

第3講

「核抑止」っていう考え方

❶核によって核を制す

「張り子の虎」じゃないことを示す覚悟が前提

K君―じゃあ、先生、いよいよ「核抑止」っていう考え方の危険性について、あらためて整理して頂けますか？

先生―「核抑止」は英語で“nuclear deterrence”（ニュークリア・ディタ―レンス）っていうんだけど、“deter”という単語の意味は「嫌気を催させる」「おじけづかせる」「思いとどまらせる」という意味だね。“A caterpillar deterred her from going out to the garden.”（1匹の毛虫が彼女が庭に出るのを思いとどまらせた）なんていう風に使う。要するに「核抑止」っていうのは、「相手が核兵器で脅しをかけているから、攻撃するのは思いとどまろう」ということだね。

K君―あいつにちょっかい出すと、後ろに喧嘩好きの怖い兄ちゃんが控えているから、手出しするのはやめておこうというような感じですね。

先生―うん、分かり易いたとえだね。

K君―でも、先生、後ろに兄貴が控えてるっていう脅しにもかかわらず「あいつ」にちょっかい出したけど、兄ちゃんが実際に反撃しなかったら「抑止効果」がなくなるんじゃないですか？「な〜んだ、兄貴の反撃なんてないじゃないか」って。

先生――そう、核兵器による脅しにもかかわらず相手が軍事的攻撃に出た場合、小規模な軍事衝突なら通常兵器による反撃で済むだろうが、攻撃規模が大きい場合には、核による脅しが単なる「張り子の虎」じゃないことを示すためにも、核兵器の使用を検討せざるを得ないだろうね。そうじゃないと、K君が言ったとおり、「な〜んだ、核兵器による脅しなんて、単なる脅しに過ぎないじゃないか」ということになりかねない。つまり、「核抑止」っていう考え方は、必要ならいつでも核兵器を実戦使用する覚悟と体制を前提としているんだね。「ホントは使う気はない」なんて表明したら、それこそ核兵器は直ちに抑止力でなくなるよね。

K君――前半の対話で、「核抑止力は、抑止が機能している間だけ抑止力たるに過ぎない」という言葉が紹介されましたが、抑止が破綻《はたん》して実際に紛争が起こった場合には、抑止力の信頼性を担保するため、つまり、核による脅しが「張り子の虎」に過ぎないと思わせないためにも、躊躇《ちゅうちょ》なく核兵器の使用を検討しなければならない訳ですね。核兵器が使用されなければ、核兵器はその瞬間に抑止力として機能すること自体をやめざるを得ないという訳か。

先生――そうだね。核抑止論の立場からすれば、抑止力の有効性を保つために核兵器は必要ならいつでも「使用されなければならないもの」であり、そこに解き難い対立があるんだな。

K君――かなり根本的な矛盾ですね。

先生―それに、核保有国どうしのにらみ合いの場合には、「もしも核攻撃など加えたら、こっちはそれに倍する核報復攻撃で反撃するぞ」って脅かして、核攻撃を抑止しようという訳だね。

❷被爆者が核を制す

被害の発信には核使用を思いとどまらせる力がある

先生―核保有国どうしのにらみあいはきわどいねえ。それにもかかわらず、広島・長崎以来、核兵器が使われてこなかったのは、K君はどうしてだと思う?

K君―やっぱり、核兵器の実戦使用の結果として広島・長崎で起こったことが余りにも非人道的だったから、慌てて事実を隠そうとしたりしたけど隠しおおせず、しかも、被爆者たちが本当は思い出すのさえイヤな原爆被災体験を声を絞り出すように国内外で訴え、それが世界の人々に「核兵器の使用は非人道的だ」という認識を広めたからじゃないでしょうか?

先生―お〜、よくぞ言ってくれたね。広島・長崎の被爆体験は、いかなる理由にせよ、核兵器は「使用されてはならないもの」であることを示した。しかし、あとで話したいと思うけど、核抑止政策の下では核被害が隠蔽《いんぺい》されがちなんだよね。その意味では被爆者たちの自主的な証言活動、遊説活動は非常に大きな意味をもったね。前に、北京の原子能出版社というところから出版された『原子武器防護知識』という本を読んだら、毛沢東語録が引用されていて、「アメリカの核兵器は『張り子の虎』に過ぎない。防護知識を身に着ければ恐れるに足りない」と書いてあった。そして、「防護知識」ってなにかと思って本文を読んで見ると、「屋外で核攻撃に出逢ったら、頭を爆心から遠ざけて寝そべればいい」とか、「屋内にいるときに核攻撃の警告があったら、ベッドの下に潜り込めばいい」とか書いてある。唖然《あぜん》としたね。広島・長崎の被爆体験について少しでも知識のある日本人なら、こんなことは信じないだろうが、核保有国の教育ではこんなことも通ってしまうんだと、仰天しました。

K君―信じられないですね。

先生―それに、核保有国どうしの対立はどうしても「核軍備競争」を招いてどんどんエスカレートする危険もある。そのことをちょっと考えてみようか。

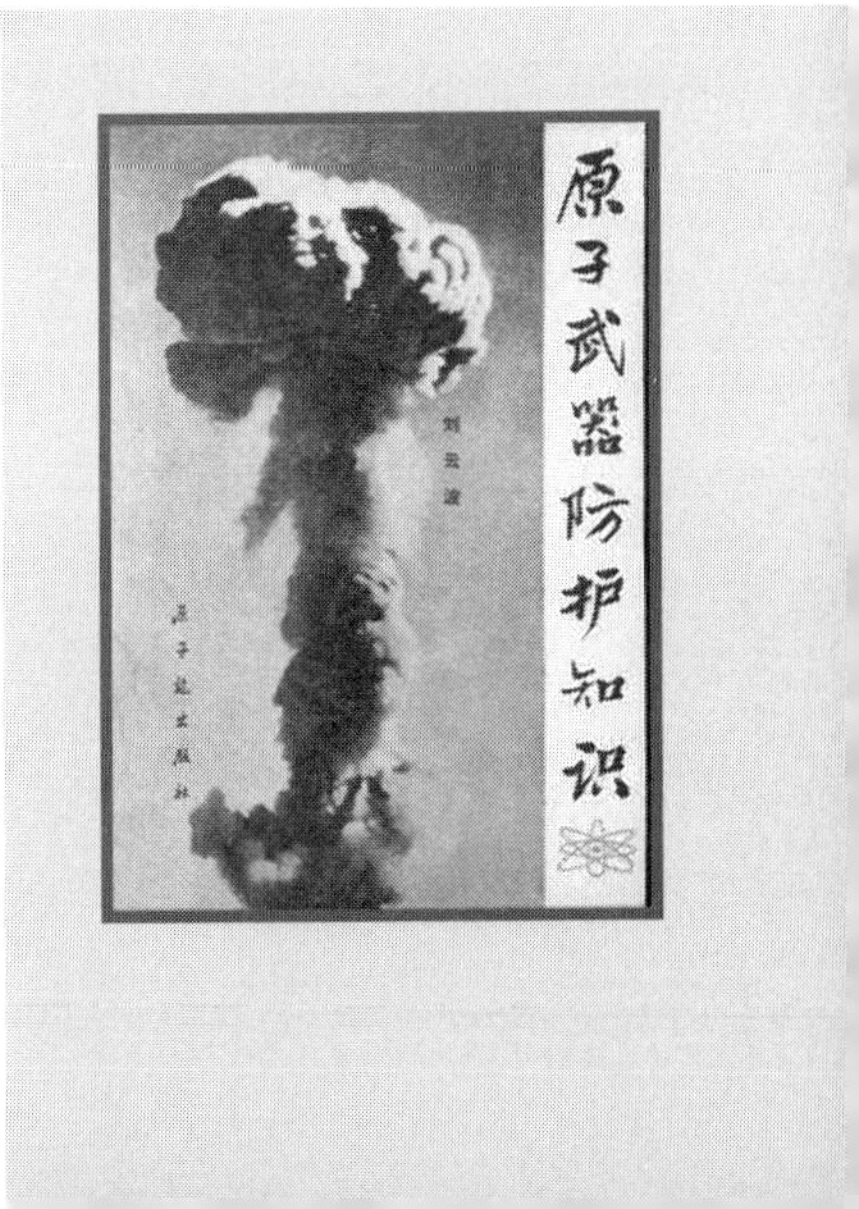

❸不安定な抑止力

疑心暗鬼が軍備をどんどんエスカレートさせる

K君——相手を「これはうっかり手出しはできないな」と思わせるためには、常に、「こっちの方があんたより上」と思わせないといけないので、それが原因でどうしても競争的になるだろうということは良く分かります。

先生——そうだね。核抑止による「平和」が保たれるとすれば、核保有国間に「核戦力の均衡」があることが必要だけど、敵の戦力の評価には心理的要因も影響し、主観的性格を免れないよね。その結果、敵の核戦力について疑心暗鬼を招き、より確実な抑止力の構築をめざして拡大基調に陥ります。とにかく相手国よりも脅威に満ちた核兵器を開発・保有しようとする。政治も軍部の意向に引きずられるんだね。例えば、ひと頃、ソ連の核弾頭の方が威力が大きかったが、それは命中精度が悪いから目標から多少外れて着弾しても目標を破壊できるためには、弾頭威力を大きくしておくしかないからだね。アメリカの核弾頭は命中精度が高いから、目標を破壊するためにバカでかい核弾頭をミサイルに積まなくてもいい。軍部はそれを知っていても、「相手の核弾頭威力が勝っているから、対抗するための核軍備開発予算を増やせ」と言えば、議会も反対しない。結果として、対立する当事国間でどんどん核軍備競争のエスカレートが起こることになる。

K君――「疑心暗鬼」っていうのは、「疑いの心をもっていると何でもないことを怖いと思ったり、妄想にとらわれたりすること」でしょうが、今の先生のお話を聞いていると、軍当局が政治家や国民のそういう感情を意図的に利用するようなこともあるんだと感じます。

先生――確かに、敵はとんでもない核戦争の準備を進めているんだという危機感を煽《あお》った方が、国民や議会の支持が得やすくなるね。そういう問題に加えて、核兵器システムが高度化し、複雑化すればするほど、技術的誤作動やヒューマン・エラーに起因する偶発事象によって抑止の破綻を招く危険がまったくないとは言い切れない、という問題も深刻だね。

K君――そんなきわどい状況に身を置くのはイヤですねえ。われわれの目の届かないところにそんな危険性が日常的に潜んでいるのは、とても不安です。

先生――もっと厄介なことは、大国が「核兵器による抑止」という政策を採用した結果、自らも核抑止力を獲得する誘惑に駆られた国が次々と現れてきたことだね。結果として1945年に1か国だった核保有国は、それから75年の間に、被爆者たちの核兵器廃絶の切実な声とは逆に、9か国まで増えてしまった。K君が言ったように、大国が自らの核兵器をもったまま、「われわれは核兵器をもっていいが、君はもってはいけない」というのは、ホントに「ヘビースモーカーによる禁煙運動」そのもので、説得力がない。あるいは、「麻薬常習者による麻薬撲滅キャンペーン」と言ってもいい。

K君—日本のような、自らは核保有国ではないけれども、いわゆる「核の傘」の中に身を置いている国の場合はどうなんでしょうか？

先生—核保有国が「自国に対する核攻撃を抑止すること」を「基本抑止」というのに対して、「同盟国や第三国に対する核攻撃を抑止すること」を「拡大抑止」とか「核の傘」というね。「核の傘」の考え方は、アメリカやロシアが、「もしもある国が同盟国に核攻撃を加えたら、その国に核兵器で報復攻撃を行なう」と事前に宣言することによって、その国の核攻撃の意図を挫折させるという考え方だね。

K君—どこかの国が日本に核攻撃を加えるというのは現実には考えにくいことですが、核兵器で攻撃されることを前提に「核の傘」による安全保障政策なんていう危うい政策を考えるよりも、日本が他国から核攻撃を受けるようなことが起こらないような、平和的な安全保障政策をとった方がいいんじゃないでしょうか？

先生—お〜、またまたよくぞ言ってくれたなあ。僕は「もしも私が内閣総理大臣になったらこうする」という政策10か条をもっているんだけど、本題じゃないから簡単に項目だけ紹介しましょう。

第1　日米核安保体制を離脱し、非同盟・中立・非核原理の安全保障政策を確立する。

第2　平和・共生外交基本法をつくり、各国と対等・平等・互恵・不可侵の平和条約を結ぶ。
第3　憲法の「不戦・平和主義」と原子力基本法や非核三原則の「非核原則」を堅持する。
第4　「武器輸出3原則」などの有効な諸原則を再確認し厳格に守る。
第5　当面、自衛隊を「海上保安隊」（専守）と「災害救助隊」（非軍事）に分離・再編する。
第6　国際貢献研究所や国際貢献大学創設など、非軍事的国際貢献を積極的に推進する。
第7　平和研究を推進する研究環境を作り、平和関連の国連研究所を日本に誘致する。
第8　平和教育を初等・中等・高等教育で推進し、「平和創造の主体形成」に取り組む。
第9　国際交流活動をあらゆる機会に積極的に進め、各国の人々との相互理解を進める。
第10　「防衛省」を廃して「平和省」を創設し、平和施策の総合的・組織的展開を図る。

今の日本のように対米従属的な状況にどっぷり浸かってくると、このような施策を一朝一夕で実現することはできないけれど、僕の施政方針の骨格はこれだね。要するに、日本は世界各国から感謝され、敬意を表される国でこそあれ、憎しみを買ったり、恨まれたり、攻撃対象になったりすることのない国として、徹底的な平和外交政策を推進することです。

K君――現在の安全保障政策とはまったく違うように見えますが、どうしてアメリカの核兵器被害を受けた日本が、アメリカの「核の傘」のもとで安全保障政策を考えるような国になったのでしょうか？

先生—それは明らかなことでね、日本が無謀ともいうべき太平洋戦争で敗北し、アメリカの施政下に置かれて「日米核安保体制」に絡めとられたからだね。あのアジア・太平洋戦争は、その侵略性や加害性を含めてしっかり歴史的な総括をしないと、歴史認識をめぐって近隣諸国といつまでも対立関係を引きずることになるし、「アメリカの核兵器で人類史上初の非人道的被害を受けた国が、そのアメリカの核兵器に頼った安全保障政策を続ける」というとても奇妙な事態をも引きずることになるだろうね。こういう状況では、被爆者の非人道的体験をバネに核兵器廃絶という人類史的課題の解決に貢献することもできない。

K君—アメリカの「核の傘」のもとにある日本の現状を、日本の近現代史との関係で考えたことは余りありませんでしたが、ちょっと勉強の課題が見えたような気もします。

❹国際司法裁判所のあいまいな勧告

国家存亡時の核使用合法か違法か判断避ける

K君—この前みんなで勉強したんですが、国際的にはもう30年ぐらい前に「国際司法裁判所」が核兵器の威嚇や使用について一般的に国際人道法に違反するという勧告的意見を出してますよね。

先生――そう、1996年7月8日のことだね。国際司法裁判所の勧告的意見というのは、国連総会や国連専門機関から法律的問題に対する解釈を求められた場合に出すもので、それ自身が国家を拘束するわけではない。

K君――そうなんですね。

先生――あの時は、一つはWHO（世界保健機関）が1993年5月の総会で、「健康および環境上の影響の観点から、戦争など武力紛争における国家の核兵器使用は、WHO憲章を含む国際法上の義務に違反するか」と国際司法裁判所に諮問したこと、二つ目は国連総会自身が1994年12月に、「核兵器による威嚇やその使用は、なんらかの状況において国際法の下に許されることがあるか」と諮問したことが発端だけど、WHOについては、国際司法裁判所は「WHOの活動範囲内の問題ではない」として却下している。門前払いだね。

K君――そうなんですか。

先生――しかも、裁判所の勧告的意見は「明快」というのには程遠かった。よく引用される主文（2）E項は、「核兵器の威嚇または使用は武力紛争に適用される国際法の規則、とくに国際人道法上の原則・規則に一般的には違反するであろう。しかし、国際法の現状や裁判所が確認した事実に照らすと、国家の存亡そのものが危険にさらされるような、自衛の極端な状況における、核兵器の威嚇または使用が合法であるか違法であるかについて裁判所は最終的な結論を下すことができない」というややこしい表現になっていた。判事の判断は「賛成7、反対7」

で、モハメド・ベジャウィ裁判長（アルジェリア）が賛成に投じて採択された。

K君――へぇ〜。

先生――この項目は明らかに二つの内容に分かれているね。第一は「核兵器の威嚇または使用は武力紛争に適用される国際法の規則、とくに国際人道法上の原則・規則に一般的には違反する」、第二は「国家の存亡そのものが危険にさらされるような、自衛の極端な状況における、核兵器の威嚇または使用が合法であるか違法であるかについて裁判所は最終的な結論を下すことができない」。

第一の点に注目すれば、K君が勉強したように、「核兵器の威嚇や使用について一般的に国際法違反だ」ということになるが、第二の「国家の存亡そのものが危険にさらされるような自衛の極端な状況」の場合には、核兵器の使用がＯＫだともダメとも判断しなかったことになる。われわれは第一の点に力点を置いて、国際司法裁判所も核兵器により威嚇や使用は国際人道法に違反するというギリギリの判断を下したことを人々に伝えることが大事だろうが、圧倒的多数で判断されたわけじゃない。おまけに、わざわざ「国家の存亡そのものが危険にさらされるような自衛の極端な状況」などという仮想的なケースを持ち出して、「場合によっては核兵器は使っていいかもしれない」ような雰囲気を醸し出している。とてもこの勧告的意見が今後「法源」として機能するとは思えない。

K君――確かに、そう言われればそうですけど、核保有国はこの勧告的意見をどう見ているんですか？

先生―アメリカ国務省は、勧告的意見が出された直後、主文（2）Bの文言を引用して、「核兵器を禁止するいかなる包括的かつ普遍的な国際法も存在しない」ことが国際司法裁判所によって認められたと声明を出し、核兵器使用は、武力紛争に適用される国際法に合致する場合には合法であるというアメリカ政府の立場が認められたとしています。イギリスの外務大臣も、アメリカ同様、勧告的意見の主文（2）Bを強調し、イギリスの核抑止政策は変更されないとしたし、フランス外務省に至っては、勧告的意見は強制力を持たず、司法行為ですらないと強調したうえで、「自衛の場合に核兵器が使用できる」との見解をもとに、フランスの核抑止政策は継続されるとした。だから、まったく油断できません。

K君―日本はどういう立場だったんですか？

先生―日本は当初、驚くべきことに、「核兵器使用は国際法違反と言えない」と意見陳述書に書いていましたが、反核・平和団体から猛反発を受けて、最終的な陳述書からこの文言を削除したことは良く知られています。最終的には、「核兵器の使用は国際法の基盤にある人道主義の精神に合致しないと考える」とする陳述書を提出した。やっぱり、核超大国アメリカの「核の傘」に身を寄せている立場で軸足が定まらず、アメリカと日本国民の顔色をうかがいながらその場しのぎの行動をとっている感じがします。

K君―厳しいですね、先生。

日本は「非核」から「核抑止」の道へと拉致された

先生――しかも、核抑止政策の宿命として、抑止が破綻して核攻撃を受けた時には、敵に対して躊躇なく「耐え難い懲罰」を与えるために、核兵器を使わなければならないね。

K君――「張り子の虎」と思わせないためですね。

先生――しかし、K君、相手に「耐え難い懲罰」を与えようとすればするほど、核兵器の使用は広島・長崎のような非人道的な様相を呈するでしょう。当然ながら、核兵器の非人道性が明らかになればなるほど、世界の世論は核兵器の使用に批判的になる。だから、被爆の悲惨な実情などは、ストレートに国民に知らせない方がいいということになりかねない。真実の報道が隠され、被爆の実相の解明や普及には自ずから消極的にならざるを得ないだろうね。

K君――日本の学校教育では、先生方が結構熱心に平和教育に取り組んできたし、その中では必ずと言っていいほど広島・長崎の被爆の実相について取り上げられました。広島、長崎には平和博物館がありますし、だんだん老いつつはあるものの原爆被災の生き証人がいる国ですから、他の国に比べても核被害については日本人はかなり悲惨な実態を知っているんじゃないでしょうか?

先生──そんな日本の国民は、他国から核攻撃を受ける恐れのあるような危険な外交政策、安全保障政策は望んでいないだろうね。とどのつまり、これは、日本が核保有大国アメリカと軍事同盟関係を結んでいるという、太平洋戦争の敗戦国として戦後外交の基本のところで「非核の道」から「核抑止の道」に拉致されたということだろうね。この道を抜けて「非核」の道に方向転換する仕事は、ある意味で大ごとだけど、K君世代に委ねられた課題じゃないかな。

K君──忘れないで、考え続けます。

先生──この核抑止論で使用を予定されている核兵器は、戦闘員と非戦闘員の区別もなく殺傷するし、戦闘が終わっても被爆者の全生涯を通じて、また、場合によっては世代を越えてさえ無限定に影響を残すリスクのある、とても特異な非人道的大量破壊兵器だということも覚えておきたいね。

❻薄れる反人道性への反発

売り切れた分度器が暗示する危うい従順さ

K君—核保有国の国民って、核兵器の非人道性とかあんまり考えないのでしょうか？

先生—政府が核抑止政策を公式に採用すれば、国民が核兵器の使用に疑問を差し挟んだり、軍の関係者が核兵器の使用を躊躇したりすることは許されなくなるね。だから、核兵器の反人道性にはなるべく目を向けず、「核兵器は使用可能な兵器だ」という信念を強めるような意識形成が行われることになる。学校教育でも広島・長崎の被爆の実相なんか詳しく取り上げることもないし、アメリカの学校教育でも一時やられていたように、敵の核攻撃を受けたら机の下にもぐるというような茶番的な訓練までやって、敵の攻撃に耐え、「やられたらやり返す」心構えが育まれる。前に毛沢

PROTECT
AND
SURVIVE
This booklet tells you how to make your home and your family as safe as possible under nuclear attack

東語録を引用した中国の『原子武器防護知識』の話をしたけど、核保有国はみんな「同じ穴のムジナ」みたいなところがあって、イギリスでも1976年には“Protect and Survive”（防護して生き残れ）っていう有名な「民間防衛ハンドブック」が出ました。表紙には、「この冊子には、あなたの家と家族を核攻撃から可能な限り守る方法が書かれています」とあって、『原子武器防護知識』と似たり寄ったりのことが書かれている。

K君――イギリスの人たちはこういうハンドブックを素直に読んだんですか？

先生――このブックレットを素材にしてレイモンド・ブルッグズという作家が『風が吹くとき』という漫画を描き、アニメもつくられた。イギリスの片田舎で年金生活を送っているジムとヒルダっていう老夫婦がいた。やがて、世界情勢は日に日に悪化し、ついに東西陣営による戦争が起こったことを知った夫婦は、政府発行のパンフレットに従って、保存食の準備やシェルターづくりを始める。そして、ラジオで「3分後に核ミサイルが飛んでくる」と知らされたジムとヒルダは命からがらシェルターに逃げ込んだが、互いに励まし合いながらも放射線によって蝕《むしば》まれ、次第に衰弱していくというストーリーだね。

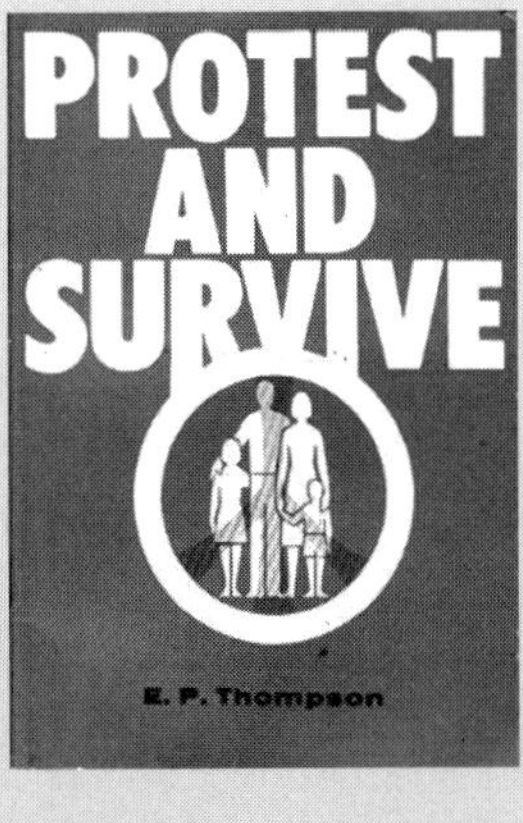

僕が一番滑稽《こっけい》だと思ったのは、パンフレットに「ドアを外して60度の角度に立てかけ、シェルターをつくる」とあるが、老夫婦には「60度の角度」が理解できず、ロンドンの息子に電話すると息子が、「分度器を買ったら」と示唆する。そこで街の文房具屋に分度器を買いに行ったものの、「売り切れていた」っていうんだね。つまり多くの市民がこのパンフレット通りに核戦争の準備をしていることを暗示している訳だけど、さすがにイギリスの市民たちも怒ったね。エドワード・トムスンの"Protest and Survive"(抗議して生き残れ)というしゃれた本がそれを象徴している。政府のパンフレットの文字を一文字変えただけで、反核運動のシンボルになる本を書いた。イギリス流の機転というべきかな。

K君――へぇ〜、面白そうですね。

先生――トムソンは反核・平和活動家として有名なケン・コーツやメアリー・カルドーらとともに、1980年代の「ヨーロッパ非核運動」(END)の設立に関わった人です。洋の東西を問わず、核兵器に生存を託した人たちは、核兵器はコントロールできるものだと思わなければならないし、核兵器の非人道性には好むと好まざるとにかかわらず、目をつぶらざるを得なかったんだね。

K君――核兵器をもっている国の政府は、核兵器がどこにあるかっていうことを国民に安易に教えることもできないんじゃないでしょうか?

先生――そうなんだよね。核抑止政策は「秘密主義」を必要とする。核兵器の存在は国家にとって最も高い戦略的機密性を有するものだし、どういうタイミングでそれを使うかといった意思決定は、最高機密だね。当然、民主主義にとって不可欠な透明性とか公開性をかなぐり捨て、徹底的に秘密主義を貫かなければならない。言うまでもなく、核兵器システムに対するテロリストの接近を阻むためにも、秘密主義はいっそう強められざるを得ない。それは、近代的な民主主義国家の「透明性」や「公開性」といった政治運営原則にまっこうから反することになります。

先生のコラム3

湯川秀樹

「海軍F研究」から反核運動へ

この色紙は、日本初のノーベル物理学賞受賞者・湯川秀樹氏の短歌と、夫人のスミさんが描いた原爆ドームの色紙で、立命館大学の国際平和ミュージアムに展示されています。

湯川さんは「中間子論」で世界に知られています。私たちの身の回りの物質は原子でできていますが、原子は中心にある原子核と周囲をめぐる電子でできています。そして、原子核は「陽子」というプラスの電荷を帯びた粒子と、「中性子」という電気的に中性な粒子で構成されています。この陽子と中性子を結びつけている力（核力）の正体こそ、湯川さんが理論的に予言し、命名した「中間子」を媒介とする「交換力」と呼ばれる力です。この発見でノーベル賞を授けられました。

湯川さんは、太平洋戦争の終了間際に、日本海軍を中心とする原爆開発のプロジェクト「海軍F研究」チームに加わりましたが、このプロジェクトが本格化する前に終戦を迎えました。

戦後、湯川さんは反核運動に積極的に加わり、核兵器廃絶を訴えた「ラッセル＝アインシュタイン宣言」にも共同宣言者として名前を連ねました。

さらに1957年には、核兵器廃絶を掲げる科学者らが参加する第1回パグウォッシュ会議にジョセフ・ロートブラット博士らとともに出席して、核兵器のない世界をアピールしました。

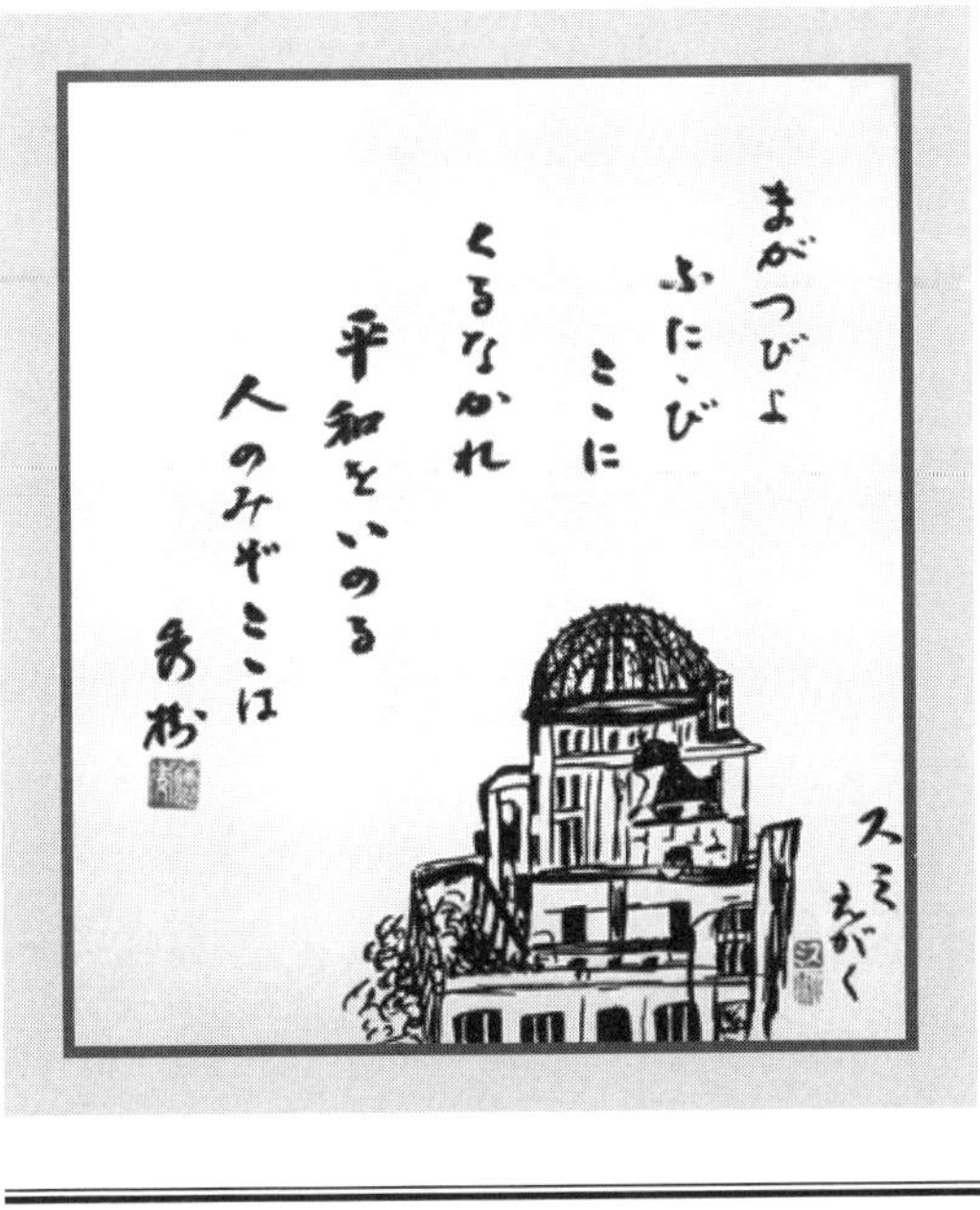

核兵器関連の略年表

年	出来事
1938	核分裂反応の発見（ドイツ）
1942	世界初の原子炉の成功（アメリカ）／マンハッタン計画発足（原爆製造計画）
1945	アメリカ、初の原爆実験（7月16日）／アメリカが広島に原爆投下（8月6日）／アメリカが長崎に原爆投下（8月9日）／国連発足（10月24日）
1949	ソ連、初の原爆実験
1952	イギリス、初の原爆実験／アメリカ、初の水爆実験
1953	ソ連、初の水爆実験
1954	アメリカのビキニ水爆実験で第五福竜丸が被災、半年後、久保山愛吉さん死亡
1957	イギリス、初の水爆実験／国際原子力機関（IAEA）発足

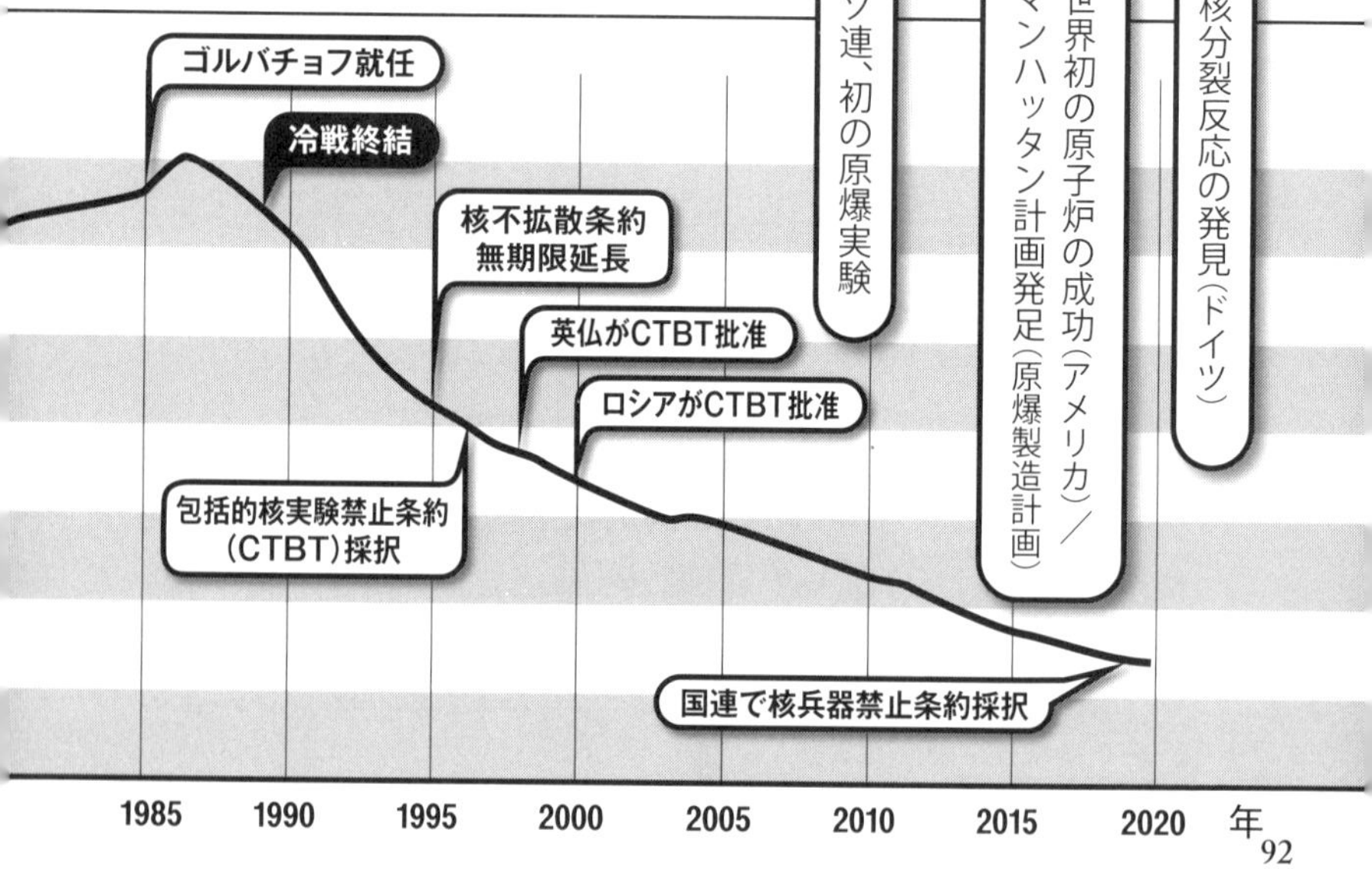

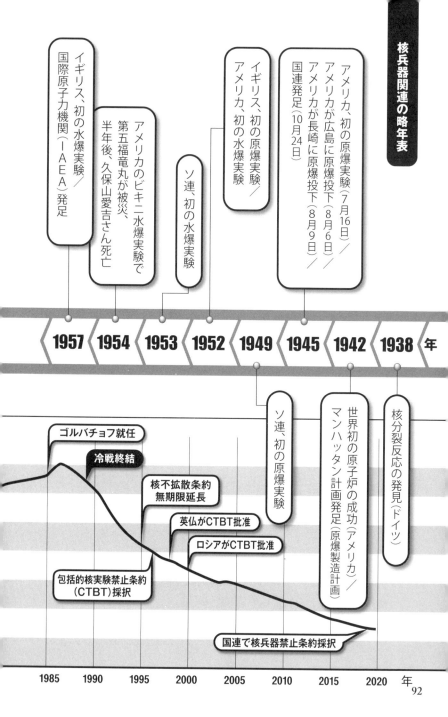

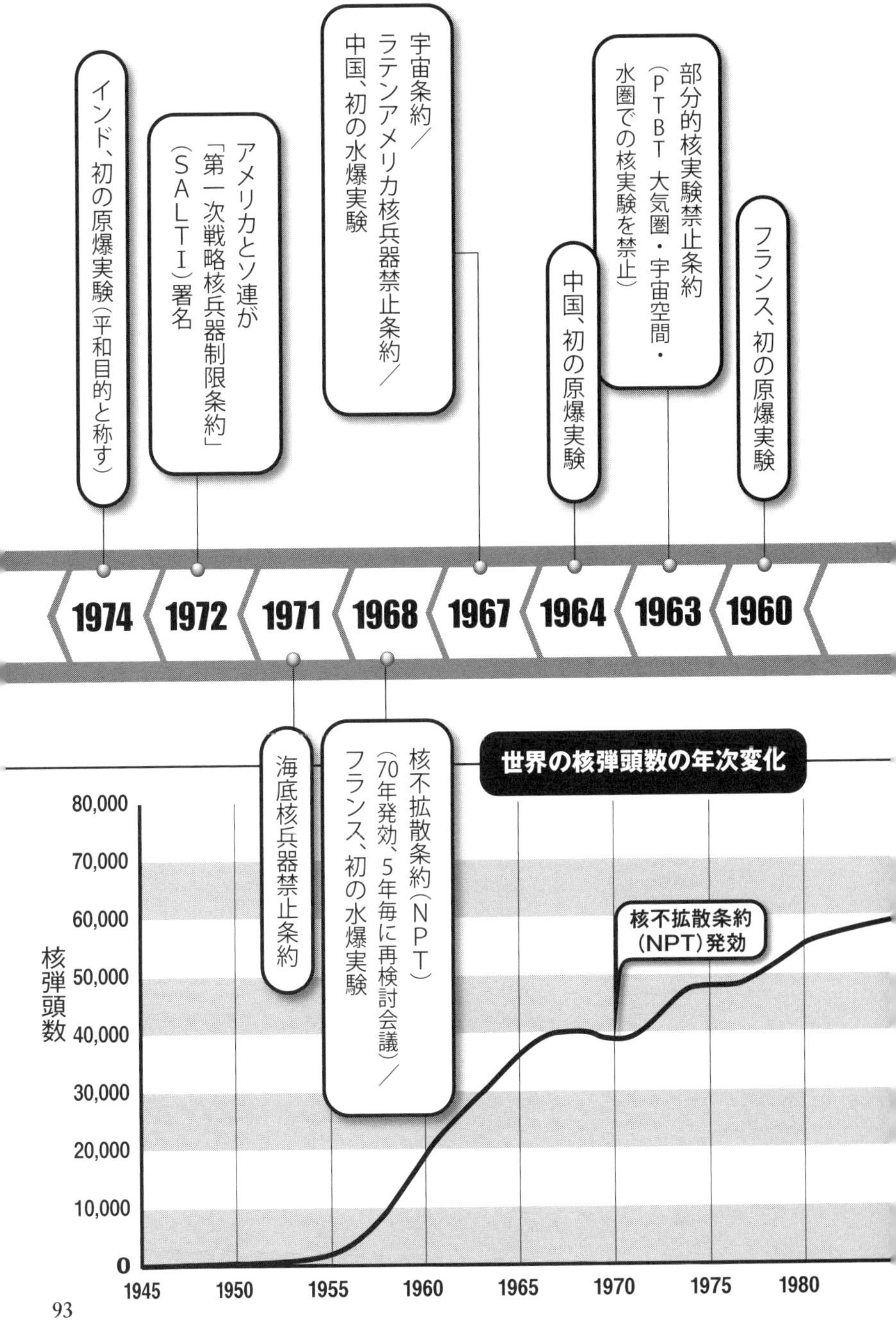

1960
フランス、初の原爆実験
1963
部分的核実験禁止条約（PTBT 大気圏・宇宙空間・水圏での核実験を禁止）
1964
中国、初の原爆実験
1967
宇宙条約／ラテンアメリカ核兵器禁止条約／中国、初の水爆実験
1968
核不拡散条約（NPT）（70年発効、5年毎に再検討会議）／フランス、初の水爆実験
1971
海底核兵器禁止条約
1972
アメリカとソ連が「第一次戦略核兵器制限条約」（SALTⅠ）署名
1974
インド、初の原爆実験（平和目的と称す）
世界の核弾頭数の年次変化
核弾頭数
80,000
70,000
60,000
50,000
40,000
30,000
20,000
10,000
0
1945
1950
1955
1960
1965
1970
1975
1980
核不拡散条約（NPT）発効

年	
1978	第1回国連軍縮特別総会（SSDI）〈第2回1982年、第3回1988年〉
1979	アメリカとソ連が「第二次戦略核兵器制限条約」（SALTⅡ）署名／イスラエル核保有？
1985	南太平洋非核地帯条約
1987	アメリカとソ連が「中距離核戦力（INF）全廃条約」署名
1992	朝鮮半島非核化共同宣言署名
1995	アフリカ非核兵器地帯条約／東南アジア非核兵器地帯条約／核不拡散条約再検討会議が同条約の無期限延長を決定（その後も5年毎に「NPT再検討会議」開催）
1996	国際司法裁判勧告的意見／包括的核実験禁止条約（CTBT）
1997	「アボリション2000」会議開催／国連に「モデル核兵器禁止条約案」提出

NPT非批准国

国名	核弾頭数 配備数	核弾頭数 その他の保有数	初核実験年	NPT	CTBT
インド	0	150	1974年	未加入	未加入
パキスタン	0	160	1998年	未加入	未加入
朝鮮民主主義人民共和国	0	[30-40]	2006年	脱退	未加入
核保有が確実視されている国					
イスラエル	0	90	1979年?	未加入	署名

核弾頭数配備数▶3,720／その他の保有数▶9,680（合計13,400）

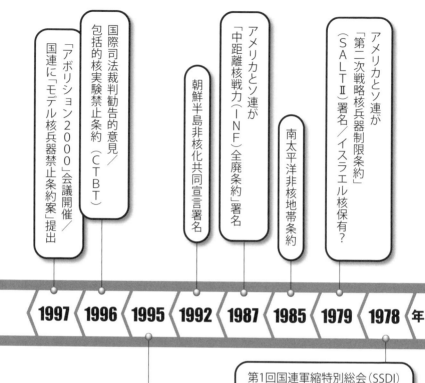

- **2021** 核兵器禁止条約が発効（1月22日）
- **2020** 核兵器禁止条約批准が50か国に達する（10月24日）
- **2017** 国連で核兵器禁止条約が採択される（7月7日）／ICANノーベル平和賞受賞
- **2015** NPT再検討会議は「中東非核化」についての対立で最終文書を採択できず
- **2010** NPT再検討会議が、「すべての国が、核兵器のない世界を達成し維持するために必要な枠組みを確立するための特別な取り組みをおこなう必要について確認する」と明記
- **2009** アメリカのオバマ大統領が「核兵器のない世界を」と演説（プラハ演説）
- **2006** 北朝鮮、初の原爆実験
- **1998** 中堅国家構想（MPI）結成／イギリスとフランスが、核兵器国初の「包括的核実験禁止条約」批准/パキスタン、初の原爆実験/新アジェンダ連合（NAC）結成

各核保有国の核兵器保有数

NPTにおける核保有国（五大国）

国名	核弾頭数 配備数	核弾頭数 その他の保有数	初核実験年	NPT	CTBT
アメリカ合衆国	1,750	4,050	1945年	批准	署名
ロシア連邦	1,570	4,805	1949年	批准	批准
イギリス	120	95	1952年	批准	批准
フランス	280	10	1960年	批准	批准
中華人民共和国	0	320	1964年	批准	署名

（ストックホルム国際平和研究所〈SIPRI〉のデータより作成、2020年）
※注　[　]は不明確のため,合計数には含まれていません。

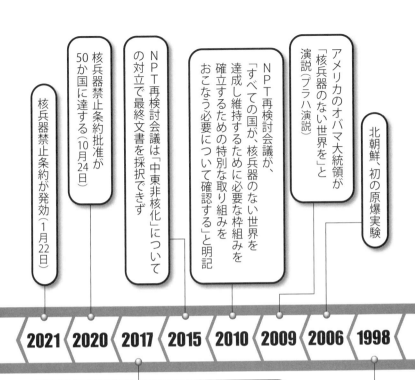

第4講

核不拡散条約(NPT)の登場

❶「冷戦」下の米ソの思惑

核大国の地位を守るための軍縮という矛盾

K君―核兵器をもっている国を普通は「核保有国」っていいますが、「核兵器国」っていう呼び方もあるんですか？

先生―単純な質問だけど、ちょっとしたこだわりの質問だね。「核保有国」も「核兵器国」も、一般的には「核兵器をもっている国」のことだけど、「核兵器国」っていう言い方は、1970年に発効した核不拡散条約（NPT）の中で使われた言葉で、第9条3項に、「この条約の適用上、『核兵器国』とは、1967年1月1日以前に核兵器その他の核爆発装置を製造しかつ爆発させた国をいう」と書いてあるんだね。それは、具体的に言えば、アメリカ、ソ連（現在のロシア）、イギリス、フランス、中国を表す言葉で、よく一括して「核クラブ」と呼ばれます。

K君―その頃は、核兵器をもっている国は他になかったんですか？

先生―そうです。現在はこれら5か国のほかにも、イスラエル・インド・パキスタン・北朝鮮が核保有国になっているけど、核兵器を開発したのはインドが1974年、パキスタンが1998年、そして、北朝鮮が2006年だね。イスラエルの核兵器開発は1960年代には始まっていたと考えられているけど、一貫して核兵器保有について「肯定も否定もしない」政策をとっている。インドやパキスタンや北朝鮮と同様、核不拡散条約の枠の外で核兵器を開発した国々だね。

K君――そもそも、どうして核不拡散条約ができたんですか？

先生――核不拡散条約ができた時代は、アメリカとソ連が世界を二分して激しく対立していた時代だね。「冷戦」っていう言葉は聞いたことあるでしょう。

K君――はい。コールド・ウォーですね。

先生――最初はアメリカとソ連の2か国が核兵器を独占していたけど、やがてイギリス、フランス、それに中国も核をもつようになり、この調子で行くと核保有国がどんどん増えるのではないかという心配が出てきた。もし多くの国が核兵器をもって対立したら、局地的な紛争でも核兵器が使われるような事態が起きかねないし、それが引き金になって紛争がエスカレートすると、究極的には米ソ間の全面核戦争にまで発展するのではないか、心配になってきた。そこで、危いつばぜり合いでかろうじて保たれている米ソ間の均衡状態を維持し、地域レベルの紛争から核戦争に発展したりする危険を減らすために、核兵器保有国をこれ以上増やさないという条約が作られたんだね。

K君――そう説明されると流れはすんなり理解できますが、そんな簡単にできちゃったんですか？

先生――もうちょっと経過を詳しく言うとね、国連総会がこの条約を採択したのは１９６８年６月12日で、発効したのは１９７０年３月５日です。日本は、１９７６年６月に批准した。

この条約ができた前段階には、１９５２年にイギリス、１９６０年にフランスと相次いで核兵器開発に成功したこと、さらには１９６２年にキューバ危機が起こり、一触即発の核兵器使用の危機があったことがあるね。しかも１９５４年、アメリカが中部太平洋のビキニ環礁で実施した超巨大水爆実験により、日本のマグロはえ縄漁船が被災して無線長の久保山愛吉さんが亡くなったうえ、海洋や大気環境の放射能汚染が世界的な問題になった。そうした中で１９５５年、「ラッセル―アインシュタイン宣言」が出されて核戦争の危険を訴え、「私たちが今この機会に発言しているのは、特定の国民や大陸や信条の一員としてではなく、存続が危ぶまれている人類、いわばヒトという種の一員としてである」という最大級の警告を発した。

核実験反対、核兵器廃絶の世界的な運動が沸き上がる中で、１９６３年には「部分的核実験停止条約」（ＰＴＢＴ）が締結されたね。ただ、この条約は「大気圏内、宇宙空間及び水中における核兵器実験を禁止する条約」であり、「地下核実験」という抜け道を残したから、結局は米ソなど地下核実験技術をもっていた国の核兵器開発の歯止めにはならなかった。ともかく「核時代到来後初めての核兵器にかかわる取り決め」として核軍縮への第一歩になると期待した人々は、この条約を歓迎した。この年、アメリカのケネディ大統領は、「1975年までには核保有国が15〜20か国に増える」という危機感を表明したんだけど、その直後の1964年に中国が核実験に成功し、先行するアメリカ・ソ連・イギリスに大きな衝撃を与えた。

そこで、米ソ2大核保有国は、「核大国」としての地位を維持しながらバランスをとって危機を回避するという「核抑止論」に基づいて、核兵器のこれ以上の拡散を防ぐ手立てをつくることに乗り出した。そして、イギリスなどの各国に働きかけて1968年の国連総会に核不拡散条約を提案し、採択→批准→発効にこぎつけたという訳だね。こう見てくると、この条約ができた背景には、とりわけ米ソ両国が自らの「核兵器独占状態」を維持しながら、他国が核兵器をもつことを禁止するという思惑があるから、初めから矛盾をはらんでいたこともわかるでしょう。まさに「ヘビースモーカーの禁煙運動」、あるいは「へべれけの酔っぱらいによる禁酒運動」と言ったら言い過ぎかな。

何と言ってもこの「核軍縮条約」の特徴は、核保有国の側から提案されたっていうことだね。だから当然、自分たちを厳しく制約するような条約にはなりようがない宿命を負っていた。

IAEAが核の監視と平和利用の推進役になった

K君――この核不拡散条約（NPT）は、どんな構造というか、内容になっているんですか？

先生――まず、1967年1月1日以前に核兵器を爆発させたアメリカ（1945年）、ソ連（1949年）、イギリス（1952年）、フランス（1960年）、中国（1964年）の5か国を「核兵器国」と呼んで特別扱いし、その他の国を「非核兵器国」として区別したうえで核兵器の保有を禁止した。非核兵器国への核兵器の譲渡や技術開発援助も禁止した。核軍縮については、「すべての締約国、とくに核兵器国は、核兵器廃絶のための条約を誠実に交渉すること」という条文を盛り込んだが、それが実際に誠実に守られたかどうかについてはあとで検討しよう。そして、平和利用の名の下で行われる原子力研究・開発が「軍事転用」されないように、国際原子力機関（IAEA＝International Atomic Energy Agency）が非核兵器国を監視することが盛り込まれた。だから、形の上では、「核兵器の不拡散」「核軍縮の促進」「原子力の平和利用の推進」を3本柱とする多国間条約という内容になっているね。

K君——いまの説明に出てきた「国際原子力機関」っていうのはどういう機関なんですか？

先生——事の発端は、1953年にアメリカのドワイト・アイゼンハワー大統領が国連総会で「アトムズ・フォー・ピース」（平和のための原子力）という有名な演説をしたことだね。演説の中で、「原爆（投下）という暗い背景を持つアメリカとしては、力を誇示することのみを望むのではなく、平和への願望と期待をも示したいと望んでいる」と言い出した。

K君——へぇ～！

先生——アイゼンハワーは、「核の危機や原子力の問題は単に一国の問題ではなく、世界的な議論を要する問題であることは言うまでもない」と言い、「アメリカが一旦は手にした『核の独占』はすでに数年前になくなり、現在いくつかの国家がもっている知識は、恐らくはすべての国々に共有されると考えられ、たとえ圧倒的な報復能力をもっていても、奇襲攻撃による大規模な物質的被害や人命の犠牲に対する予防策にはならない」という認識を述べた。そのうえで、「アメリカは、軍事目的の核物質の削減や廃絶以上のものを求めていく。核兵器を兵士たちの手から取り上げるだけでは不十分だ。そうした兵器は核の軍事の覆いを剥ぎ取り、平和的に利用する方法を知っている人々に託されなければならない」と述べ、国連のもとに国際的な原子力機関を設置して核物質の管理を行うことを提案したんだ。これが1957年に国際原子力機関を設置するもとになった。

K君——アメリカはどうして急に「平和のための原子力」なんて言い出したんですか？

先生――1945年に世界に先駆けてアメリカが核兵器をもった時点では、こんな兵器をもてる国は15年ぐらいは現れないだろうと考えていたようだね。ところがどっこい。わずか4年後の1949年にはソ連が原爆開発に成功し、50年代に入って展開された水爆開発競争でも対等の競争者になった。それどころか、1951年にはソ連がオブニンスク原子力発電所の建設にとりかかり、イギリスもコールダーホール型原発の開発を進めるなど、核エネルギーの平和利用の面でもアメリカは後れを取りつつあった。アイゼンハワーの「平和のための原子力」戦略の真のねらいは、ソ連やイギリスに先を越されつつあった核開発体制の主導権を奪い返すことだっただろうね。

K君――それで1957年に設立された国際原子力機関というのは、核不拡散条約との関係ではどういう役割を負ったんですか?

先生――核不拡散条約では、原子力平和利用の美名に隠れて「非核兵器国」がこっそり核兵器を開発したりしないよう、「保障措置」といって、国際原子力機関が監視するシステムが設けられた。核不拡散条約に参加した「非核兵器国」は、条約第3条の取り決めによって、国際原子力機関と「保障措置協定」を締結する義務を負っている。

国際原子力機関は英語の略称でIAEA（アイ・エイ・イー・エイ）というけど、IAEAが2005年にノーベル平和賞を受賞したことは聞いたことがあるかな?IAEAとその事務局長のモハメド・エルバラダイ氏が受賞したんだが、授賞理由は、「原子力が軍事目的に使われることを防ぎ、また、原子力が可能な限り安全に使われるよう努力したこと」だった。福島原発事故が起こったのはその6年後だ。

それでも福島原発事故は防げなかった

K君――先生は福島原発事故後、何十回も福島に調査や相談のために訪れていると聞きましたが。

先生――うん。2011年の事故から2013年4月までは「一匹狼」的に福島に通っていましたが、2013年5月に同じような志をもった科学者・技術者と「福島プロジェクト」を立ち上げ、大体毎月1回のペースで調査・相談・学習活動に取り組んできました。僕のもともとの専門は「放射線防護学」という分野だし、福島の太平洋沿岸の原発銀座「浜通り地方」には1973年から通って地元の人たちと原発政策批判に取り組んできた歴史があるからね。ああいう人類史的な大事故を防ぐためにこそ頑張ったつもりだったんだが、結局防ぎ切れなかった。そういう悔しい思いがあって、事故のほぼ1か月後には浜通りの調査に出かけました。71歳の誕生日だったんだけど、50年近く一緒に原発批判に取り組んできた福島県双葉郡楢葉町の宝鏡寺という浄土宗のお寺の第30代住職・早川篤雄さんが運転する車で、いわき市から浪江町まで北上しながら放射線を測りました。あの「東北地方太平洋沖地震」というマグニチュード9・0の大地震の直後だから、道路には所々大きな亀裂が走っていて怖かったね。マグニチュード9・0の地震のエネルギーは広島原爆32000発分です。自然の破壊エネルギーがいかに大きいか分かるでしょう。

K君―ひゃ〜、すごいですね！

先生―びっくりしたのは、浜通りを北上して大熊町・双葉町・浪江町の原発周辺地域に近づくにつれて放射線のレベルがどんどん高くなって、とうとう1時間当たり100マイクロシーベルトに達した。

K君―それはどれくらいの高さなんですか？

先生―僕は京都府の宇治市に住んでいますが、僕の部屋の自然放射線のレベルは1時間当たり0・04マイクロシーベルトぐらいです。震災前の福島県の自然放射線レベルも同じ程度です。だから1時間当たり100マイクロシーベルトというのは日常生活で浴びる放射線レベルの2500倍ぐらいです。ちょっと怖いね。

K君―ちょっとどころじゃないですよ、先生。

先生―この問題はこの対話の主題じゃないから深入りしないけれど、原発周辺の町では町民全体が避難させられて町が空っぽになりました。だから、泥棒が暗躍したね。避難所暮らしを余儀なくされた高齢者の中には、慣れない集団生活、受けられなくなった医療、劣悪な睡眠環境や衛生環境などのために体調を崩し、死期を早めたたくさんの人がいました。「原発関連死」などと呼ばれている。原子力平和利用のシンボルであるIAEAがノーベル平和賞をもらおうがもらうまいが、自然の計り知れない猛威を軽視した無謀な原子力開発はとんでもない災害をもたらす危険があることを忘れないでほしい。

実は事故から10年目の２０２１年３月11日付で、楢葉町の宝鏡寺境内に、早川住職と僕の名前で「原発悔恨と伝言の碑」を建立し、そこに僕が作った詩が彫り込まれている。僕は東京生まれだけど、太平洋戦争の敗戦１年前の１９４４（昭和19）年から5年間、４歳から9歳まで、福島県の二本松で疎開生活を送りました。だから福島は第二の故郷で、物心ついた僕にとっての日本の「原風景」と言ってもいい。それだけ思い入れが強いんだね。まあ、読んでみて下さい。

K君――「傲岸《ごうがん》」という言葉は難しいですが、いまスマホで調べたら、「思いあがって謙虚さのない

> 原発悔恨・伝言の碑
>
> 電力企業と国家の傲岸に
> 立ち向かって40年、力及ばず。
> 原発は本性を剥き出し
> 故郷の過去・現在・未来を奪った。
> 人々に伝えたい。
> 感性を研ぎ澄まし、
> 知恵をふりしぼり、
> 力を結び合わせて、
> 不条理に立ち向かう勇気を！
> 科学と命への限りない愛の力で！
>
> 早川篤雄　安斎育郎
>
> 二〇二一年三月一一日

さま」と書いてあります。原発開発はかなり乱暴だったんですね、きっと。僕らは「原発世代」というか、生まれたときから原発がいっぱいあって、日本が原発列島になる過程は全然知らない世代ですが、先生はまさに日本が原発列島になるプロセスをその渦中にあって体験された世代なんですね。先生世代の体験を発信して、伝言して頂くことはとても大切だと思います。

先生――核不拡散条約の第4条には、「すべての締約国に対し、原子力の平和利用の権利を『奪い得ない権利』として認める。締約国は平和利用の促進のために国際的に協力すること」と定められているし、核兵器禁止条約でも前文に「この条約のいかなる規定も、無差別に平和的目的のための原子力の研究、生産及び利用を発展させることについての締約国の奪い得ない権利に影響を及ぼすものと解してはならない」と書いてあるね。核兵器の問題とは別に、福島原発事故を体験した国の市民として、原発問題はしっかりと考えてみて下さい。

❸国連安全保障理事会の仕組み

「核兵器国」が常任理事国を占めて拒否権を発動している

K君――核不拡散条約（NPT）にもかかわらず、その後も核保有国は増えちゃったんですよね。

先生——そう、第1講で話し合った「条約の規範力は条約に加わっていない国には及ばない」っていう問題と、大国が核をもって力の外交をやっている姿を見て「わが国も核抑止力をもとう」「核兵器の保有はステータス・シンボルだ」と考えた国が出てきたっていう、二つの問題があるね。

核不拡散条約には現在191か国が加盟しているけど、国連加盟国は2010年代に加盟した南スーダン、クック、ニウエを含めて196か国だから、97%以上の国が加盟している計算だ。すごいね。この条約に加われば、核兵器国以外は、「わが国は核兵器をもちません」と誓約する訳だから、世界の大部分の国は「非核の世界」を望んでいると言えなくもない。その意味で「核兵器廃棄への国際的取り組み」と期待されているんだけど、核保有国と非核保有国との間には抜き差しならない意見の対立があるし、インド・パキスタン・イスラエル・南スーダンのように条約に入ってない国、北朝鮮のように、いったんは加盟したもののその後脱退した国もあって、事情はなかなか一筋縄ではない。

K君——条約でわざわざ自分たちを「核兵器国」と称して区別した5か国はまじめに条約を守っているんですか?

先生——5か国のうちでも最初はフランスと中国は条約に加わらず、いわゆる「冷戦」が終結したあとの1992年に加盟した。

この条約は、「公然と核兵器保有を宣言している国」と「核兵器保有を禁止された国」を分けた「不平等条約」だと言われているね。インドは5大国による核独占を批判して加盟せず、1974年に「平和目的」と称して核実験を実行しました。だから、今でもこの条約の「公平性」について大いに不満がくすぶっています。

条約上、核保有を認められているのは五つの国だが、実はそれら5か国は国連安全保障理事会の五つの常任理事国でもある。

普通の組織の場合、「総会」が最高決定機関で、総会で決めたことには従わなければならないね。だけど、国連は違う。国連総会決議は加盟国に対する法的拘束力はない。国連総会は、どちらかというと加盟国が自由に意見を表明できる場という性格が強く、どの国が何を考えているのかが分かるという意味では重要な場です。

しかし、国連の一機関である安全保障理事会の決議は法的拘束力があるんだ。安全保障理事会は「世界の平和と安全の維持」を目的としている機関で、国連の六つの主要機関（総会、安全保障理事会、経済社会理事会、信託統治理事会、国際司法裁判所、国連事務局）の中で最も大きな権限をもっていて、その決定は法的に国連加盟国を拘束することができる。事実上、国連の最高意思決定機関と言えるね。

安全保障理事会は、五つの「常任理事国」と、国連総会で選ばれる10か国の「非常任理事国」の計15か国で構成されているが、常任理事国はその名の通り改選されることはなく、ずーっと理事国であり続ける。現在のメンバーはアメリカ、イギリス、フランス、ロシア、中国（中華人民共和国）で、いずれも核保有国だね。１９４５年に国連が設立された当時は、アメリカ、イギリス、フランス、ソ連、中華民国（台湾）だったが、いずれも第二次世界大戦の連合国のメンバーで、大戦に勝利した国々だね。その後、１９７１年に中華民国（台湾）の代表権が中華人民共和国（中国）に移され、１９９１年にはソ連が崩壊して代表権がロシアに引き継がれた。これらの国は英語で「パーマネント・メンバー」(Permanent Members)というので、略して「Ｐ５」（ピー・ファイブ）と呼ばれることもある。

つまり、世界の国々の調整機関である国連の事実上の最高意思決定機関の五つの常任理事国が、そろいもそろって「核兵器国」っていうことだね。

Ｋ君――それは厄介ですね。

先生――実はＫ君、もう一つ厄介なことがある。安全保障理事会で討議する問題は「手続き事項」と「実質事項」に分けられるんだが、「手続き事項」とは何かが国連憲章にも書いてない。一方、「実質事項」とは何かというと、「手続き事項ではない事項」っていうんだから嫌んなっちゃうね。訳わからん。これまでの安全保障理事会の前例からすると、通常、「ある議題を理事会で議論すべきかどうか」は「手続き事項」として扱われ、その他の問題は「実質事項」とされている。しかし、ある問題が「手続き事項」かどうかという問題は「実質事項」ということになっている。何だか「禅問答」みたいだな。安全保障理事会の常任理事国のうち１か国でも反対したら「実質事項」は決議できないことになっている。いわゆる「拒否権」（ヴィート－＝veto）だね。

だから、ある問題を安全保障理事会で取り上げようと思っても、常任理事国の中の１か国でも「それは手続き事項ではなく、実質事項だ」と言って拒否権を発動すれば議題にもできない。そして、やっと議題として取り上げたとしても、さんざん議論したうえで結論を出す時点で常任理事国の中の１か国でも拒否権を発動したら結論を出せない。常任理事国は二重の意味で拒否権を行使できるというので「二重拒否権」（ダブル・ヴィートー）と呼ばれている。ちなみに、「反対」だが「拒否権は行使したくない」場合には「棄権」することが許されている。むやみに拒否権を行使すれば安全保障理事会の機能がマヒしてしまうので、拒否権行使は手控えるべきだというフランスの提案もあったりして、安全保障理事会でも懸案になっています。

K君─拒否権の発動はこれまで何回もあったんですか？

先生─最近は少ないんだが、これまで２００回以上あったね。国連創設から最初の四半世紀は１１５回の拒否権発動があったが、そのうちソ連が１０８回と圧倒的だった。その後、アメリカも折に触れて行使するようになったね。イギリス、フランス、中国は米ロ両国よりは少ないが、やはり拒否権を行使しています。

❹核不拡散条約と大国の義務

なお1万発を保有、核軍縮の努力は足りない

K君—核兵器国が特別の立場にあることは分かりましたが、核不拡散条約（NPT）では、核兵器をもっている国もその見返りに「核兵器を減らす努力」が義務づけられているんですよね。

先生—その通りだ。その通りなんだけど、「義務規定」なるものが曖昧で、その後、核の脅威は減るどころか増えたんだよね。条約第6条に、「各締約国は、核軍備競争の早期の停止及び核軍備の縮小に関する効果的な措置につき、並びに厳重かつ効果的な国際管理の下における全面的かつ完全な軍備縮小に関する条約について、誠実に交渉を行うことを約束する」とある。これだけなんだよね。

K君—「国際管理下における全面完全軍縮」という考え方はあったんですね。

先生—聞いたことあるかもしれないけど、哲学者のイマヌエル・カントは18世紀終わりに書いた『永久平和論』のなかで、「永久平和を実現するために各国の常備軍を全廃すること」を主張した。20世紀に入ると、ソ連が１９２７年に国際連盟の軍縮会議準備委員会に、「即時完全

全般的軍備撤廃協約草案」という物々しい名前の協約を提出した。この面では、第二次世界大戦後もソ連がイニシャチブを発揮し、１９５９年にニキータ・フルシチョフ首相が国連総会で有名な演説を行ない、「全面完全軍縮に関する政府宣言」を提案して、「4年間に世界各国の軍備を全廃しよう」と提案した。これがきっかけとなって米ソ両国を中心に交渉が始まり、１９６２年3月にはソ連が「厳重な国際管理のもとにおける全面的完全軍備撤廃条約草案」を、翌4月にはアメリカが「平和な世界における全面的完全軍備撤廃条約の基本的規定の概要」を提出するに至ったんだね。なかなかすごいでしょ。

アイデアとしては両方とも「各国の軍備を撤廃し、そのあとには国内の治安維持と国連平和軍のための兵力だけを残す」ことを原則にしている。理念としてはいいじゃないかと思われるだろうが、実際には、軍備撤廃によって自国の安全保障が脅かされるんじゃないかという疑心暗鬼に陥って、なかなか進展しない。

この核不拡散条約の中でも「厳重かつ効果的な国際管理の下における全面的かつ完全な軍備縮小に関する条約について、誠実に交渉を行うことを約束する」とあるのは、こういう議論の歴史の延長線上にあったんだね。

K君――言葉の上ではいい感じですが、問題はそれがホントに実行されたかどうかですね。

先生――残念ながら、「核兵器国の核軍縮努力は極めて不十分である」と多くの国が感じています。

92～93ページの図に見るように、核不拡散条約ができた後も核兵器は増え続けた。とくに、1985年にミハイル・ゴルバチョフがソ連最後の最高指導者の座に着き、アメリカのロナルド・レーガン大統領と「核軍縮交渉の加速化」の共同声明を出すまでは核兵器は増大を続け、7万発にまで達している。空恐ろしい数だね。

K君——ホントですね。広島・長崎の古典的な原爆でさえ、合わせて30万人以上を殺し、被爆者に人生を通じての苦難をもたらしたというのに、7万発とは空恐ろしい数です。軍事産業の影を感じますね。

先生——ゴルバチョフ政権の誕生の下で、米ソ両国は「中距離核戦力」（INF＝Intermediate-range Nuclear Forces）については、1987年12月に「地上配備の中距離核戦力を全廃する条約」（INF全廃条約）に署名し、翌年6月に発効させた。この条約では射程（飛ぶ距離）が500キロから5500キロまでの地上発射型の弾道ミサイルや巡航ミサイルの廃棄を取り決めたんだが、条約が定める期限の1991年6月1日までに合計2692基が廃棄された。アメリカが846基、ソ連が1846基だったね。

ちょうどこの条約ができたころに、僕は欧州国連本部の「軍縮・平和のための国連職員の会」に呼ばれて、ジュネーブの国連本部で講演をしたことがあったんだけど、出席した各国国連職員のINF全廃条約に対する評価は、それを歓迎しながらも「核兵器全体から見れば極めて限られた軍縮措置に過ぎない」という気分が強かった。

それに、この条約が成立した背景には、ある事情があった。

1980年代にはヨーロッパへの「中性子爆弾」配備計画の問題をきっかけに、地域核戦争勃発への危機感が強まり、反核運動が盛んになった。「核軍縮キャンペーン」（CND＝Campaign for Nuclear Disarmament）という反核運動があるんだけど、70年代には会員数が1万人以下だったのに、80年代には2万人、3万人とどんどん増えていった。僕自身もアムステルダムで開かれた国際生化学会議の核問題のシンポジウムや、モスクワで開かれた科学者フォーラムなどに招待されたりした。市民も科学者も、核兵器の危機を感じていた時代だった。

こうした反核運動が燃え盛る中でINF全廃条約が結ばれた意味は、米ソ両国から見れば、全体の核戦力に影響のない範囲で核軍縮措置をとって反核運動に応えるポーズをとりながら、東西陣営がせめぎ合っていたヨーロッパでの地域的な核対決に歯止めをかけ、射程の長い戦略核戦力を温存して米ソ（米ロ）の直接対決を基調とする「核抑止体制」の再構築に持ち込むことだったとも考えられるね。

K君――アメリカはトランプ政権の下で、そのINF全廃条約さえも破棄したんですよね？

先生――そう、2019年2月1日、ロシアに一方的に条約破棄を通告し、これを受けてロシアも条約義務履行の停止を宣言した。半年後に条約は失効しました。

K君――結局、米ロ両国は核不拡散体制の下で、何の核軍縮の成果もあげなかったんですか？

先生――今、米ロ間にある唯一の核軍縮条約は「新戦略兵器削減条約」だ。この条約の前に、「戦略兵器削減条約」というのがあったけど、英語で"Strategic Arms Reduction Treaty"というので、頭文字をとってＳＴＡＲＴ（スタート）と呼ばれた。戦略核兵器っていうのは、大陸間弾道ミサイル（ＩＣＢＭ）などに核弾頭を積んで相手を攻撃する射程の長い核兵器のことだね。両国が配備する戦略核兵器の上限を決めた。

１９９４年に発効したＳＴＡＲＴは上限を６０００発と決めたが、２００９年12月に失効してしまった。その後を受けて「新戦略兵器削減条約」（新ＳＴＡＲＴ）がそれこそ新たなスタートを切った。配備する戦略核兵器の上限を１５５０発と決めたんだが、２０２１年２月の失効期限が延長されるかどうか、トランプ政権下では不透明だった。

ストックホルム国際平和研究所の２０２０年版によると、各国の戦略核兵器〜戦術核兵器の保有数・配備数は94〜95ページの表の通りで、世界にはまだ1万発以上の核弾頭があるんだよね。核兵器7万発時代からみるとずいぶん核軍縮が進んだように感じるかもしれないけれど、なにしろ基本にある考え方は「核によって核を抑える」という核抑止論に違いないし、核兵器システムの能力は時代とともにはるかに「進歩」したから、1万発の核弾頭なんていうのは人類の安全にとってとてつもない破壊力です。

Ｋ君――確かに、数字だけに引きずられてはいけませんね。

❺再検討会議の役割

行ったり来たりしながら進んできた廃絶への道

K君――核兵器は日常生活からは縁遠い存在ですが、世界平和のためにホントに核兵器が必要なのかどうか、核をなくし、それに費やされている資源をもっと人間のニーズのために使った方がいいのか、よく考えて行動する必要がありますね。

先生――結局、核不拡散条約（NPT）まかせではわれわれや非核兵器国が望むような「非核の世界」は実現できそうもない。核保有5か国の核兵器がなくならないどころか、核兵器保有数の表に見るように、イスラエル、インド、パキスタン、北朝鮮のように核不拡散条約の枠外で新たに核兵器を保有する国まで出たんだからね。

K君――このような核兵器国特権体制に非核保有国はどう対応したんですか？

先生――核不拡散条約の第8条3項には、「5年に一度、条約の履行状況を検討する『再検討会議』を開催すること」が決められており、1975年に第1回会議が開かれたのを皮切りに条約締約国が真面目に条約を守っているかどうかをチェックする「再検討会議」が開かれてきた。再検討会議では「全会一致ルール」に基づいて合意文書の作成が追求されるんだが、これがなかなか一筋縄じゃない。核不拡散条約は発効から25年で失効することになっていたが、１９９５年に「条約を無期限に延長する」ことが決められ、あわせて再検討のプロセスを強化するために5年のインターバルの間に3回、「準備委員会」を開催することになっている。

K君——再検討会議ではどんなことが議論され、合意文書が作られたんでしょうか？

先生——１９９５年に核不拡散条約が無期限に延長されて最初の再検討会議が行われた２０００年の会議では、「核兵器の完全廃棄への核兵器保有国の明確な約束」が盛り込まれた最終文書が採択された。この時は反核運動に参加してきた人々がとても喜んだのを覚えています。20世紀に生まれた核兵器をなくそうと思って頑張ってきた人々が、21世紀への入り口で、核保有国が「完全廃絶への明確な約束」をしたんだからね。「明確な約束」は英語で“unequivocal commitment”と表現されたんだが、「曖昧さのない明確な決意を伴う約束」という程の意味で、かなり強い表現だね。

ところがわずか5年後の２００５年の再検討会議では、核保有国と非核保有国の意見が鋭く対立し、合意文書を出すことさえできないまま閉幕してしまった。国際社会での約束は、なかなか一筋縄ではいかないね。

K君——みんながっかりしたでしょうね。天国から地獄じゃないけど、落差が激しいですね。

先生―国際会議での合意形成は実際やってみるとホントに大変でね。会議が始まるまでの準備過程で草案がつくられる。それをたたき台にして、「この論点を入れろ」「この記述は外せ」「この表現は修正しろ」とか論戦がたたかわされます。意見が合わないところを削ってしまうと、どこに争点があったのか分からなくなるので、場合によってはそういう箇所を残して括弧《カッコ》でくくったりする。そうすればどこで意見が対立したのかが分かる。来る日も来る日もそういう作業をやっていると、取材している報道関係者の中には、「会議は今日もブラッケットマンシップ（bracketmanship）に勤しんだ」なんていう冷やかし半分の記事を書く人もいます。ブラッケットは（）や［］のような括弧のことで、ブラッケットマンシップはいわば「括弧付け作業」のことです。合意形成を追求するはずの会議で、「ここは一致できない」という箇所に括弧をつける会議の姿をからかっているんだね。

K君―面白い冷やかしですが、大変なんですね。

先生―２０１０年の再検討会議では、前の年にアメリカにバラク・オバマ大統領が登場し、チェコのプラハでの演説で、「私は、アメリカが核兵器のない世界の平和と安全を追求する決意であることを信念をもって明言します」と述べたりして、「核兵器のない世界」への機運が高まる中で開催されたこともあり、「核兵器のいかなる使用も人道上、破壊的な結果をもたらすことを深く憂慮する」と核兵器の非人道性を明記した「核軍縮に向けた64項目の行動計画」を柱とする最終文書が採択された。人々がまた光を見た再検討会議だったね。

NPT再検討会議で、米国代表団が最終文書案への不同意を表明すると、傍聴席に悲鳴が響いた
＝2015年5月22日、米ニューヨークの国連本部（朝日新聞社提供）

ところが、2015年の再検討会議ではまたまた最終文書が採択されず、「三歩前進、二歩後退」というような印象もあったが、実際には、参加国の多くが核兵器の非人道性に言及し、核兵器廃絶に向けた法的枠組みについての議論を速やかに開始すべきであると訴えたんだね。また、提案文書には、「すべての国々が被爆者や被爆地域と交流し、その経験を共有する」ことの重要性が盛り込まれ、「被爆地訪問の大切さ」がアピールされた。この会議には、長崎市長の田上富久さんも平和首長会議副会長として参加し、国連本部で各国代表を前に核兵器禁止条約の早期実現を訴えた。

再検討会議は行ったり来たりしながらもいい感じで進みつつあったんだが、2020年4～5月にアメリカで予定されていた再検討会議は、新型コロナウイルスの感染拡大を受け1年延期することになってしまった。

K君――先生のお話を伺って、歴史の大きな流れは「核兵器のない世界」に向かっていると感じますが、僕も、目の前で起こるアップダウンに一喜一憂しないで大局を見る目を培いたいと思います。

先生――前に説明したように、僕は福島に70回以上も通って、あの3・11原発事故の結果、いったい福島で何が起こったのかを草の根分けても明らかにする「虫の目」の活動を続けているけど、なぜ日本がアメリカで開発された軽水型原発をこんなにたくさん建設することになったのかを理解するには、上空から歴史の流れを俯瞰《ふかん》する「鳥の目」も必要だね。

K君――それは面白い例えですね。「魚の目」は要らないんですか？

先生――魚は川底にじっと身を潜め、川面に落ちてくる獲物を捕らえる。いわば定点観測だね。例えば僕たちが沖縄に目線を置いて、基地の様子を観察するとアメリカの戦略の変化が見て取れるんだが、各地で平和委員会の人たちが地道に取り組んでいますね。これも重要な活動です。

❻前提となる日本現代史

被爆体験だけでなく加害の歴史も知っておく

K君――こういう世界の核兵器をめぐる核大国と非核国のせめぎあいの中で、日本政府はどういう役割を果たしてきたんですか？「唯一の戦争被爆国」である日本には、他の国にはない重要な役割があるように思いますが？

先生――この質問はとても大事な問いかけだけど、まずは日本の現代史をアメリカとの関係で振り返っておく必要があるでしょう。

日本が被爆国になったのは、原爆投下に先立って日本がアジア・太平洋諸国への侵略的な戦争を続けてきたことの結末とも言えるね。もちろん、被爆者たちが言い続けてきたように、原爆投下に先立ってどんな前史があったとしても、非人道的な核兵器の使用は許されない「絶対悪の兵器」だ。だが一方では、日本の侵略戦争がなければ原爆投下がなかったことも事実だから、両面を見る必要があるね。

K君も歴史の時間に勉強しただろうけど、日本は1931（昭和6）年の満州事変からアジアへの戦略的な侵攻を重ねた。国内では徐々に軍部が力を増して、「天皇の権威」も利用して絶対服従体制が築かれた。僕が生まれたのは1940（昭和15）年で、「皇紀2600年」とも言われた年です。「皇紀」っていうのは日本式の年代表記法で、『日本書紀』っていう一番古い歴史書に書いてある神武天皇即位の年（西暦紀元前660年）を「皇紀元年」として起算する方式だね。まあ、年代なんていうものはどこかに原点を決めて一次元的な尺度で表せばいい訳だから、キリスト誕生にまつわる年を起点にして「西暦」で表そうが、神武天皇の即位を起点にした「皇紀」で表そうが役には立つんだけど、神武天皇は神話の世界だね。「神国日本」として天皇と神を結びつける原点だ。戦争の時代にも「天皇＝神」として崇める「国家神道」が強要され、学校にも天皇・皇后の写真（御真影）を収めた奉安殿というのがあって、登下校時には生徒は最敬礼をさせられた。僕には「皇紀」っていう記年法には戦争の匂いがプンプンして、「皇紀2600年」が盛大に祝われ、『紀元二千六百年』という歌まで作られた年に生まれたことになんとなくこだわりをもっています。K君は、日本の戦闘機で「零戦《ゼロセン》」というのがあったことは知ってるかな？

K君―ゲームなんかにも登場するので名前は知ってますが、先生の生まれと関係あるんですか？

先生―実は「ゼロ戦」の本名は「零式《れいしき》艦上戦闘機」って言うんだけど、当時の軍用機は「皇紀」で表した年の下二けたの数字で表した。ゼロ戦は皇紀2600年に登場したので「零式戦闘機」と呼ばれたっていう訳だ。あの年の8月1日、東京府に1500本の「ぜいたくは敵だ」という看板がたてられた。夜陰に乗じて「敵」の字の上に「素」を入れて「ぜいたくは素敵だ」と書いた気の利いた人もいなくはなかったが、そんな行動は「治安維持法違反」に問われるとても危ない行動で、国は「遂げよ聖戦　興せよ東亜」「聖戦だ　己れ殺して　国生かせ」などのスローガンで国民総動員体制を築いていったんだね。結果として、日本の軍人・軍属230万人、一般市民80万人が命を失い、アジア太平洋の国々で2000万人以上が犠牲になったと言われている。この数字は、侵略を受けた国々の独立宣言やサンフランシスコ講和条約会議での発言、対日賠償要求、政府発表などに基づいた数字で、意味のある数字です。

K君―アジアの国々の人は原爆が投下されて日本が敗戦に向かった時、喜んだ人も沢山いたと聞きました。

先生―作家の石田甚太郎さんが香港の陳炳財さんにインタビューした話は衝撃的だったね。陳さんは、「なぜ広島に原爆が落とされたか知っているかい?あれはあんたたち日本人がやらせたんだよ。アジアの国々を占領して、ひどいことをやっていじめたからだよ。その仕返しなんだよ。あの原爆が落ちた時には、小躍りして喜んだもんだよ。あれが落ち、日本が早く負けたから多くの人たちが助かったんだ」と答えた。ショックだよね。広島の平和記念資料館の感想ノートにも、１９９０年代に外国人が「いったい誰のせいだ」という趣旨のメモを残したことがある。一方的に「日本人は被害者だ」というセンスで核兵器廃絶を訴えても説得力がイマイチだね。日本人であれば、日本の加害行為と原爆被害の両方について学び、「それでも核兵器は悪魔の兵器だから絶対に使ってはならないし、廃絶しなければならないのだ」と訴えることが大切だろうね。

K君――ちょっとハッとするようなお話でした。僕ももっとその両面を勉強したいと思います。

先生――立命館大学の国際平和ミュージアムは、あの戦争の被害の側面だけでなく、慰安婦問題[1]や七三一部隊[2]や徴用工問題[3]など、加害の側面も展示してます。それどころか、立命館が「軍事色の濃い学園だった」ことも告白しています。３０００人もの学生を学徒出陣で戦場に送り出し、約１０００人が命を失った。１９９５年の戦後50年に際しては、戦時中、「志願制」と言いながら学徒出陣に志願しなかった台湾や朝鮮の学生を退学処分にしたりしたことを反省し、そういう目に遭った学生を韓国や台湾から招いて、公式に謝罪するとともに国際平和ミュージアムを見てもらった。平和博物館の多くは、空襲や原爆などの被害をベースにつくられるんだけど、それらに先立つ加害の歴史を展示することもとても大事だと思うね。

〈注〉１慰安婦＝戦時中に日本軍が関与してつくった慰安所で兵士らの性の相手を強要され、名誉と尊厳を深く傷つけられた女性たち。２七三一部隊＝石井四郎軍医中将が立ち上げた「関東軍防疫給水部」という部隊で、中国人・朝鮮人・モンゴル人・ロシア人などを致死的な人体実験に使った。３徴用工＝戦時中、労働力として強制的に日本内地に動員された韓国・朝鮮人労働者。

K君―核兵器はそれ自身あってはならない存在だと思いますので、日本の加害責任の問題との関係はあまり深く考えていませんでした。でも、先生、日本の戦争責任と核兵器禁止条約とのつながりがよく分かりません。

直前まで京都が原爆投下の第一目標だった

先生―日本は挙国一致の国民総動員体制の下で無謀な戦争をたたかい、結局アメリカ、イギリスなどの連合軍に負け、敗戦国になった。その最後の決め手が広島・長崎への原爆投下だった。１９４５年８月６日、広島に「ウラン原爆」が、その３日後、長崎に「プルトニウム原爆」が投下されたことはすでに話した通りだが、K君は、あの広島への原爆投下の間際まで「京都」が原爆投下の第一目標だったことは知っているかな？

K君―えっ、京都がですか？

先生―京都にも空襲が５回あった。１回目は１９４５年１月16日の東山空襲（東山区馬町）、２回目は3月19日の春日町空襲（右京区）、3回目は4月16日の太秦空襲（右京区）、4回目は5月11日の京都御所空襲（上京区）、6回目は6月26日の西陣空襲（上京区出水）だ。ところが、京都への空襲はそれっきりパッタリ停止したんだよね。それこそ、京都が原爆投下の目標にされたからだと考えられる。

K君——京都は天皇の都ですよ。そこを原爆で攻撃するでしょうか？

先生——アメリカは原爆製造計画（マンハッタン・プロジェクト）を進めながら、早くから投下目標の選定もしていました。1945年5月10日～11日、第2回の目標選定委員会では8月初めに使用予定の2発の原子爆弾の投下目標として、1京都市（AA級目標）、2広島市（AA級目標）、3横浜市（A級目標）、4小倉市（A級目標）の4都市を選んだ。長崎は入っていなかった。AA級目標っていうのは、原爆投下の3基準（①直径3マイルを超える大きな都市地域にある重要目標であること、②爆風によって効果的に破壊しうるものであること、③来る8月まで爆撃されないままでありそうな場所）に照らして最高の「適地」だということだね。ところが、5月28日の第3回目標選定委員会では、1京都、2広島、3新潟に変更され、目標予定都市への空爆（空襲）禁止措置が決められた。ついで6月1日には暫定委員会が開かれ、「原爆は日本に対してできるだけ早期に使用すべきであり、それは労働者の住宅に囲まれた軍需工場に対して使用すべきである。その際、原爆について何らの事前警告もしてはならない」、と決定してます。第一候補はやっぱり京都で、①人口100万を超す大都市であること、②

日本の古都であること、③多数の避難民と罹災工業が流れ込みつつあったこと、④小さな軍需工場が多数存在していること、⑤原爆の破壊力を正確に測定し得る十分な広さの市街地を持っていること、という基準に適合していた。

ところが、戦後に「アメリカと親しい日本」を創るうえで、古都・京都に原爆を投下したら日本国民から大きな反感を買う懸念があるとの観点から強い反対もあり、結局、6月14日に京都が除外され、目標が小倉、広島、新潟に決まった。しかし、6月30日、アメリカ軍統合参謀本部は、マッカーサー将軍、ニミッツ提督、アーノルド大将宛に「貴官指揮下のいかなる部隊も、京都・広島・小倉・新潟を攻撃してはならない」と指令を発し、7月3日には、やはり「京都盆地に位置している京都市は原爆の効果を確認するには最適」という将校や科学者の巻き返しによって再び京都が候補地となったんだね。そして、7月20日には、「パンプキン爆弾」と名づけられた模擬原爆の投下訓練も始まり、京都にとってはきわどい情勢が続いた。

7月21日、ワシントンのハリソン陸軍長官特別顧問（暫定委員会委員長代行）から、ポツダム会談に随行してドイツに滞在中のスチムソン陸軍長官に、「京都を第一目標にしていいか」という許可を求める電報があった。スチムソンは直ちに「許可しない」旨の返電をし、京都はこの時点で除外された。そして、7月24日、地形的に不適当な問題があるものの、京都の代わりに長崎が目標に加えられた。スチムソン陸軍長官の7月24日の日記には、「もし

（京都が）除外されなければ、かかる無茶な行為によって生じるであろう残酷な事態のために、その地域において日本人をわれわれと和解させることが戦後長期間不可能となり、むしろロシア人に接近させることになるだろう。（中略）満州でロシアの侵攻があった場合に、日本を合衆国に同調させることを妨げる手段となるであろう、と私は指摘した」とあり、アメリカが戦後の国際社会における政治的優位性を保つ目的から、京都投下案に反対したことがわかるね。

K君──京都は危うかったんですね。大統領はどう考えていたんですか。

先生──トルーマン大統領のポツダム日記、7月25日の項にも「目標は、水兵などの軍関係を目標とし、決して女性や子供をターゲットにすることがないようにと、スチムソンに言った。たとえ日本人が野蛮であっても、共通の福祉を守る世界の指導者たるわれわれとしては、この恐るべき爆弾を、かつての首都にも新しい首都にも投下することはできない。その点で私とスチムソンは完全に一致している。目標は、軍事物に限られる」とあるね。

そして、結局、8月2日の「野戦命令第13号」（センターボード作戦）で8月6日に原爆攻撃を実行することが決定された。目標は①広島、②小倉、③長崎だった。その結果、8月6日8時15分、B29「エノラ・ゲイ号」が広島にウラン原爆「リトルボーイ」を投下し、その年のうちに14万、後に7万の人々を殺した。そして、8月8日、第20航空軍司令部が「野戦命令第17号」を発令し、8月9日に2回目の原爆攻撃を行うことが決定されたが、第1目標は小倉造兵廠および市街地、予備の第2目標は長崎市街地だった。プルトニウム原爆「ファットマン」を積んだB29「ボックス・カー号」が8月9日の朝9時45分ごろには小倉上空に達して原爆投下態勢に入ったが、前日に隣接する八幡地区を爆撃したために火災の煙で視界が悪く、目標が確認できなかったこともあって第2目標の長崎市に向かい、11時2分、プルトニウム型原子爆弾「ファットマン」が投下され、その年のうちに7万余、後に4万人もの人々を殺した。

K君―京都に住む僕としては、もしも京都原爆が投下されていたら、被害はどうだったか気になりますね。

先生―目標は京都駅西1キロの梅小路蒸気機関区の円形転車台で、まさに京都盆地のど真ん中、人口は広島よりもずっと多く、しかも京都は神社仏閣の多い木造文化の町だね。爆風や放射線が襲った後、おそらく火災が次々と広がって火事嵐が起こり、京都盆地全体がそれこそ地獄の窯みたいな様相を呈し、50万人は死んだのではないかと思います。

K君―京都が結構、間際まで原爆投下の目標だったことを示す証拠みたいなものはないでしょうか？友人にも教えてあげたいと思います。

先生―目標選定委員会の議事メモは今でも残っているし、目標地点なら今でも京都駅近くの鉄道博物館の敷地内に残っているよ。行ってみるといいね。

132ページの写真が目標選定委員会の議事メモで、1945年5月12日付です。訳すと、

「京都——この目標は人口百万人の都市工業地帯である。以前の日本の首都であり、他の地域の破壊に伴って多くの人や工業がここに移りつつある。心理学的観点からすると、京都は日本の知的中心地であり、人々がこうした特殊装置のような兵器の意味をよりよく理解するだろうという利点がある（AA目標に分類）」とある。133ページのマンハッタン計画極秘文書には、京都の投下目標が示されている。

　長崎に原爆が投下された翌日の8月10日、トルーマン大統領が全閣僚を集め、これ以上の原爆投下を中止する指令を出したんだ

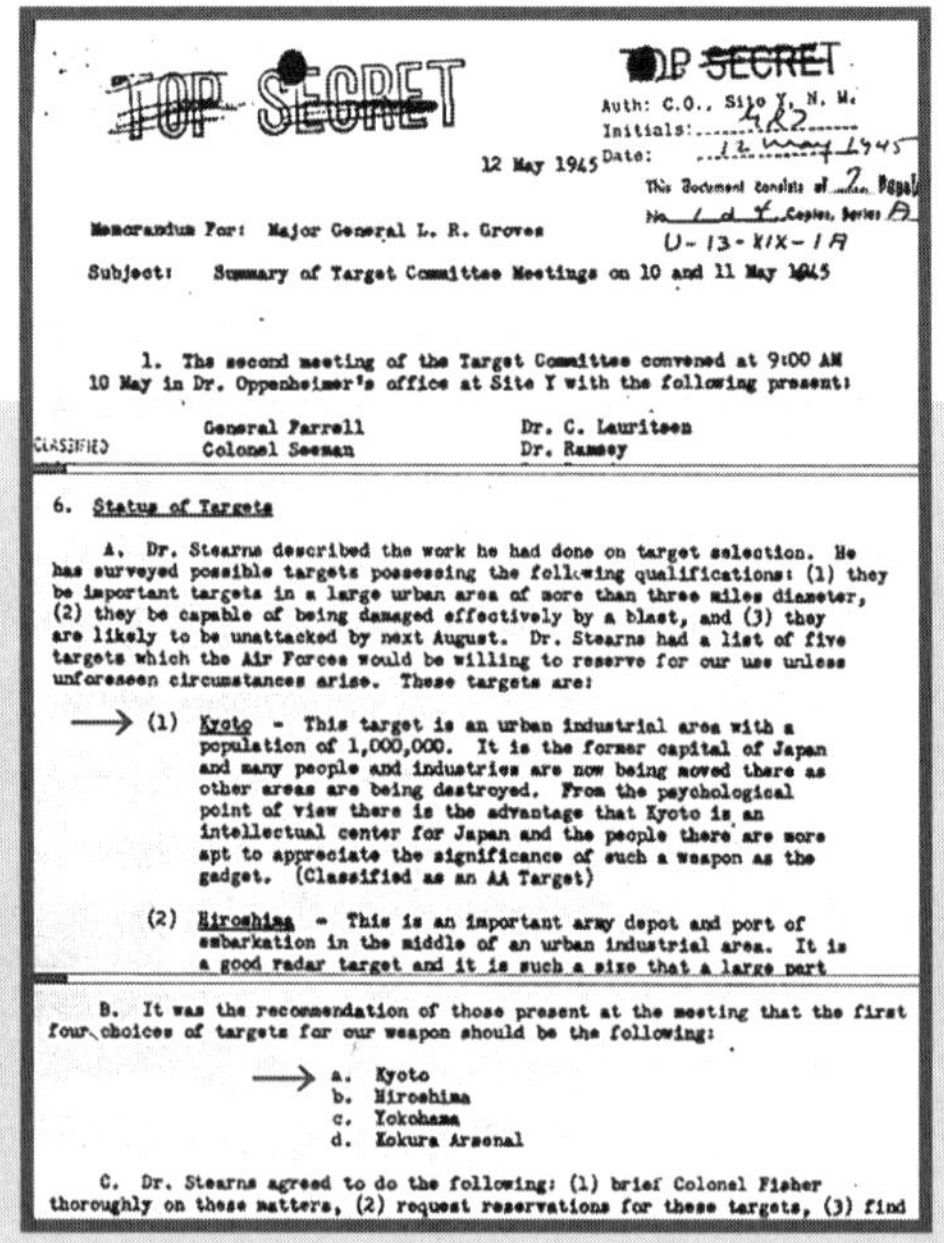

TOP SECRET

TOP SECRET
Auth: C.O., Site Y, N. M.
Initials:
Date: 12 May 1945

12 May 1945

This Document consists of 2 Pages
No. 1 of 4 Copies, Series A
U-13-XIX-1A

Memorandum For: Major General L. R. Groves

Subject: Summary of Target Committee Meetings on 10 and 11 May 1945

1. The second meeting of the Target Committee convened at 9:00 AM 10 May in Dr. Oppenheimer's office at Site Y with the following present:

General Farrell	Dr. C. Lauritsen
Colonel Seeman	Dr. Ramsey

CLASSIFIED

6. Status of Targets

A. Dr. Stearns described the work he had done on target selection. He has surveyed possible targets possessing the following qualifications: (1) they be important targets in a large urban area of more than three miles diameter, (2) they be capable of being damaged effectively by a blast, and (3) they are likely to be unattacked by next August. Dr. Stearns had a list of five targets which the Air Forces would be willing to reserve for our use unless unforeseen circumstances arise. These targets are:

→ (1) Kyoto - This target is an urban industrial area with a population of 1,000,000. It is the former capital of Japan and many people and industries are now being moved there as other areas are being destroyed. From the psychological point of view there is the advantage that Kyoto is an intellectual center for Japan and the people there are more apt to appreciate the significance of such a weapon as the gadget. (Classified as an AA Target)

(2) Hiroshima - This is an important army depot and port of embarkation in the middle of an urban industrial area. It is a good radar target and it is such a size that a large part

B. It was the recommendation of those present at the meeting that the first four choices of targets for our weapon should be the following:

→ a. Kyoto
b. Hiroshima
c. Yokohama
d. Kokura Arsenal

C. Dr. Stearns agreed to do the following: (1) brief Colonel Fisher thoroughly on these matters, (2) request reservations for these targets, (3) find

が、次の原爆使用を8月24日以降とすることや、その準備が8月17、18日に完了することなどの情報もあった。京都帝国大学の木村毅一助教授によると、8月10日に広島から京都に戻る際、荒勝文策教授（日本の原爆開発「海軍F研究」の責任者の一人）は「京都に3発目の原爆が投下される」という噂に接して、「原子物理学者としてこれは千載一遇の好機だ。急いで比叡山の頂上に観測所を造って、原爆投下から爆発の状況など、あらゆる角度から、写真や計器を使って徹底的に観測してやろう」と述べたらしい。科学者ってこういう面があるが、ちょっと危ない

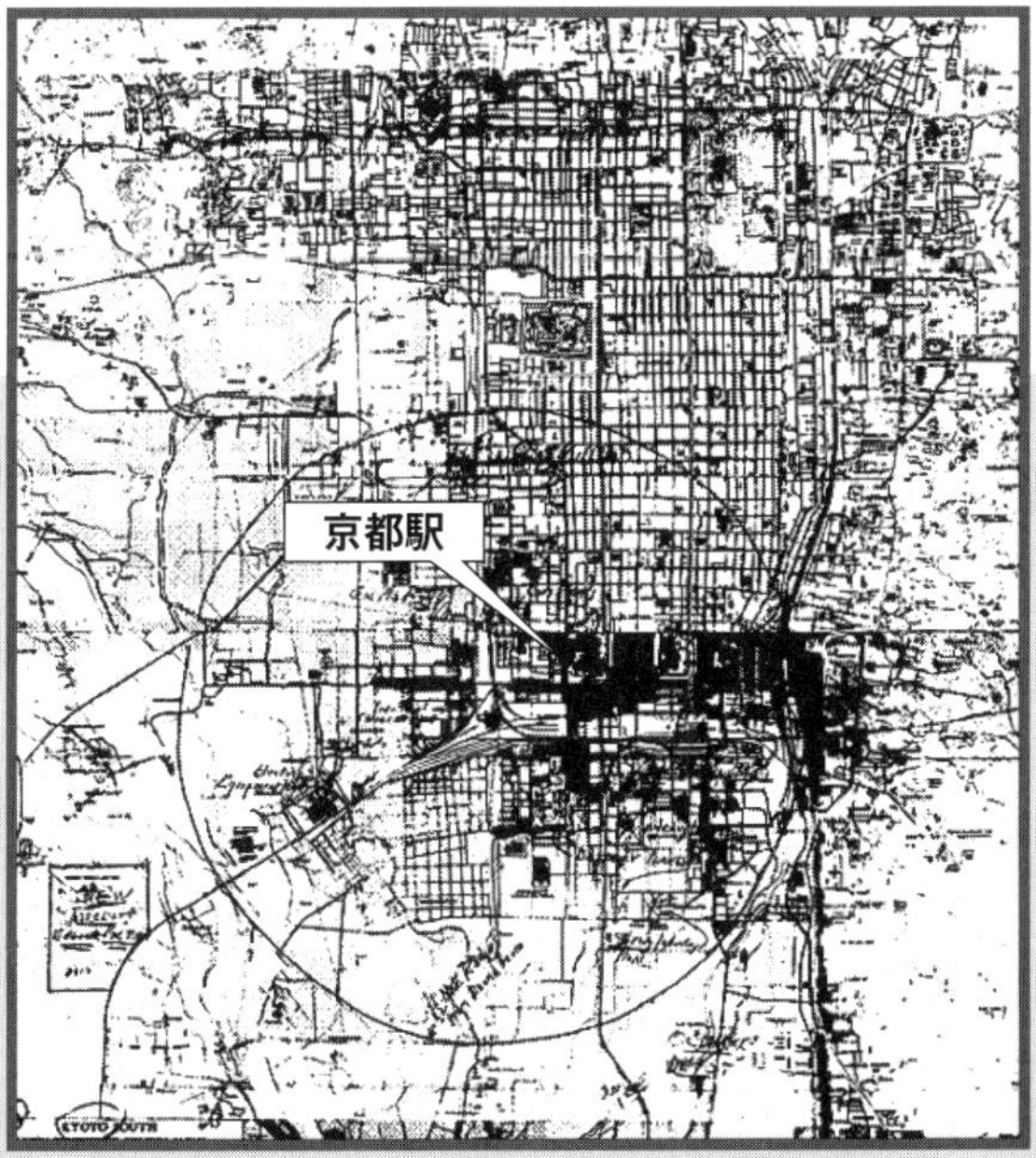

な。

K君―知的好奇心なんでしょうが、被災者も観察対象でしかないんでしょうかね？

先生―戦争が科学者も含めて人間を非情にさせるんだね。

❼アメリカと日本の関係

単独講和と安保条約で促された再軍備の道

K君―結局、日本は太平洋戦争に負けて全面降伏し、連合国軍の占領下におかれたんですね。その中心がアメリカだった。

先生―そう、ここから実質的なアメリカによる日本支配がはじまった。すでに1945年8月15日に連合国軍総司令部（GHQ）最高司令官に任命されていたダグラス・マッカーサー元帥と日本の天皇が並んだ写真は日本人に衝撃を与えたね。天皇は礼装して「気をつけ！」の姿勢でしゃっちょこばって立っている脇で、背高ノッポのマッカーサーが腰に手をあてがってリラックスして立っている。敗戦とはこういうことだと感じた人も多かった。

K君も知っている通り、日本は敗戦翌年の1946年11月3日には日本国憲法を公布し、翌年5月3日に施行した。この憲法もマッカーサーのある種の「指導」のもとでつくられた面があることは知っているでしょう。

K君―はい。同時に、それとは別に憲法学者の鈴木安蔵さんたちの「憲法研究会」も「憲法草案」をつくったと教わりました。

先生―おー、覚えてるね。1945年12月に憲法研究会が「憲法草案要項」を提出したんだけど、これを見てGHQも民主主義的・自由主義的な内容に驚いたようだね。その後の日本国憲法づくりに影響を与えました。1946年2月、マッカーサーは日本の憲法が守るべき三原則を提示した。いわゆる「マッカーサー三原則」というものだが、内容は、①天皇は国家の元首②国権の発動としての戦争は廃止する。陸海空軍をもたず、交戦権は放棄する③日本の封建制度を廃止する、の三本柱です。

日本国憲法は原爆投下の後にできた訳だから、悲惨な被爆体験をした国の憲法として「前文」に核兵器の非人道性について書いてあってもおかしくないだろうが、アメリカの「指導」の下でつくられたという性格上、アメリカが投下した原爆についてはその非人道性などどこにも具体的には言及されていない。しかし、憲法が議論されていた1946年8月の貴族院で当時の幣原喜重郎首相は、「文明と戦争は両立しない。文明が速やかに戦争を全滅しなければ、戦争が文明を全滅する。その理由は『原子爆弾』が発見されたからだ」と演説し、戦争放棄、一切の軍備放棄を訴えている。だから、日本国憲法第9条の規定は、当然のことながら、核時代に突入した危機感を踏まえているもので、核兵器が登場した時代に人類が生き残るため唯一の道を示す規範として「普遍的価値」をもつと思うね。

K君――先生がいま言われた幣原首相のお話なんか聞くと、当時の政治家はある意味で「素直」だったような感じを受けます。

先生――ついでに言えば、1955年1月にマッカーサーがロサンゼルスで行なった演説では、「原子爆弾による殺傷は数十万に達した。（中略）しかし科学的全滅の勝利――この発明の成功――こそが、国際紛争の解決手段としての戦争の可能性を破壊したのだ」と述べている。プロイセンの戦略思想家のカール・フォン・クラウゼヴィッツは「戦争は政治的手段とは異なる手段をもって継続される政治に外ならない」と言ったが、核時代の戦争は政治の延長ではなくなっているということでしょう。

こうみてくると、核兵器が登場した直後は、一般市民だけでなく、政治家も軍人もK君流に言えば「素直だった」と言えるかもしれないが、それが「米ソ冷戦」によって決定的に変わった。1949年にソ連が原爆を開発してアメリカによる核独占が終わり、加えて1950年代から60年代にかけての水爆開発競争で、1発の核兵器の威力が第二次世界大戦5回分とか10回分とかいうとんでもない破壊力をもつようになった。おまけに、「資本主義」対「共産主義」という思想的・体制的に根本から対立する二つの陣営が世界を二分して核軍備競争に明け暮れるようになった。互いに恐怖心をもって疑心暗鬼に陥り、「北大西洋条約機構」対「ワルシャワ条約機構」のように、一国レベルではなく、軍事同盟に諸国を巻き込んで対立する構造ができていったんだね。そういう中で、敗戦の末にアメリカの支配を受けた日本は、中立であることは許されず、必然的にアメリカの同盟国にならざるを得なかった。

それを決定づけたのが、1951年9月8日に調印された「サンフランシスコ平和条約」だった。この条約そのものは、日本国と連合国の間の平和条約で、連合国による占領に終止符を打ち、日本の主権を回復させるものだったが、連合国構成国であるソ連は会議には出席したものの、米軍の駐留に反対する立場から条約には署名しなかった。今でも日本とロシアの間には、平和条約は結ばれていない。そして、最も注意しなければならないのは、同じ日に、日米安全保障条約（日本国とアメリカ合衆国との間の安全保障条約）が結ばれていることだね。

K君――その安全保障条約がアメリカと日本のその後の関係に影響を与えたんですか。

先生――そう。敗戦以来、日本は連合国軍に占領され、その中核である米軍の駐留が続いてきたが、冷戦による米ソ両陣営の対立が深まり、1950年6月25日には朝鮮戦争が勃発した。在日米軍は朝鮮半島に移動し、日本はその機会に「警察予備隊」（のちの陸上自衛隊）を創設するなど、日本の再軍備に向かう流れが出てきた。

朝鮮戦争が続く中で、日本は連合国側だった共産主義陣営を除いた形で、すべての連合国との「全面講和」ではなく、アメリカなどの諸国との「単独講和」に走ったんだね。そして、日米両国は、日本の主権回復後もアメリカ軍が駐留することで「極東の安全保障環境を維持する」ことにした。地図で見れば一目瞭然のように、アメリカ側にしてみれば、日本は米ソ対決の戦略的要地です。ここに引き続き米軍を展開できれば、それはそれは非常に高い軍事的メリットがある。サンフランシスコ平和条約は基本的に「全ての占領軍は講和成立により速やかに撤退する」ことになっているんだが、第6条a項の「但し書き」で、「二国間協定により引き続き駐留を容認される国も存在できる」と定め、それに基づいて日米安全保障条約が結ばれた。

驚くべきことに、この条約では、アメリカ合衆国は「望む数の兵力を望む場所に望む期間だけ駐留させる権利を確保」できることを取り決めた。嘉手納（沖縄）だろうが、岩国（山口）だろうが、横須賀（神奈川）だろうが、三沢（青森）だろうが、米軍は軍事基地として好きなだけ使えるんだね。そういう中で沖縄では基地駐留米兵がらみの深刻な犯罪が頻発しているんだけど、犯人を日本の裁判所で裁くこともできない。その背後には、在日米軍のあり方を決めた「日米地位協定」というきわめて不平等な取り決めがあるんだね。

日米安保は君たちにとって遠い存在？

先生――1960年には、この元祖安保条約に代わって新安保条約が国民的反対運動を押し切って締結され、未だにあり続けているね。10年ごとの更新に当たって、1年前に相手国に通告すれば一方的に破棄できるんだけど、K君、安保条約なんて若い人にはあんまり興味ないのかな?

K君——確かに、私たちの世代は日米安保条約みたいな政治問題は日常的な関心事ではないですね。先生もご存じでしょうが、今の若い世代は、進学や就職難、雇用の不安定、性別や学歴による格差の問題などに直面していて、社会的な制度はあまり信用せず、自分自身しか頼りにできないという気分が強いかもしれません。新型コロナ・ウイルス感染症の蔓延《まんえん》で身に危険が迫ったり、経済活動が停滞したり、人と自由に会って話し合う機会が減ったりすると、ますます、日米安保条約どころじゃなくなるんじゃないでしょうか?

先生——内閣府の調査でも、日本の若い人の政治への関心度は韓国・アメリカ・イギリス・フランス・ドイツ・スウェーデンなどに比べて一番低いね。2018年度の調査では「政治に非常に関心がある」の割合は日本が12・2%なのに対し、他の6か国の平均は23・1%で、約2倍違う。また、「社会問題の解決に関与したいと思う」という割合は日本が10・8%に対し、他の6か国平均は31・5%と約3倍高かったから、単なる統計誤差ではなく実際に違うんでしょうね。別のNHKの世論調査では、「選挙を棄権する」ことについて、20代、30代では「棄権を容認する人」の割合が過半数と非常に高く、40代以上とは20%以上もの差がある。また、その調査では「精神的に余裕がある人ほど」、また、「生活への満足度が高い人ほど」社会に対する関心が高い傾向も示され、不満があるからといって必ずしも社会に目を向けるわけではないという傾向も示唆されています。

でも、日本国憲法によれば、「日本国民は正当に選挙された国会における代表者を通じて行動」することになっており、間違いなく、国民こそが「主権者」だね。K君が言ったように、若い人たちはいろいろな困難に苛まれて生き方に余裕がないのだろうが、かなり由々しき問題だと思います。

麻生太郎副総理は2020年、通信制高校「N高等学校」が設立した「N高政治部」で、初回の授業のゲスト講師として登場し、「若者が政治に関心がないことは、悪いことではない」と発言しましたね。その理由は「それだけ日本で平和に暮らしているということだ」と述べ、「政治に関心がなくても平和に生きられる国にいる方がよっぽど良い」と発言しました。どうですか、K君、この発言は？

K君――「そう来るか！」っていう感じですね。「オレたちが平和な社会つくるから、若者はオレたちに任せておけばいい」って言いたいのかもしれませんが、麻生さんも含めて今の政治家だって必ず政治生命の終わりが来ます。次の時代の政治を担うのは結局、今の若い人たちですから、僕たち自身、主権者としての投票権の行使は当然ですが、今の政治の実態やそこに含まれる矛盾や問題について関心をもつ必要があると思います。僕たちが現在直面している社会生活上の問題も、結局は政治のあり方に原因があるんだと思いますし。

先生──そういう認識を聞くと、ちょっとホッとするね。

❽日本政府の立場

核の傘を離さず、日米同盟の枠内で右往左往

先生──話を元に戻しますが、結局あの太平洋戦争を国民総動員体制でたたかった末に原爆被災体験までした日本が、戦後、原爆を投下したアメリカに支配され、それどころか、米ソ冷戦体制の下でアメリカの同盟国に組み込まれたうえで、日米安保条約と日米地位協定によって全国各地に130か所もの米軍事基地を提供する国になった。日本政府は、アメリカは「基本的価値や戦略的利益を共有する国」であるとして、「日米安保は日本外交の基軸」と位置づけているね。しかも、日本はアメリカの「核の傘」に身を寄せる「核抑止政策」を採用しているし、沖縄へは核兵器が持ち込まれ、日本政府自身も「自衛のための最小限度を超えない限り、核兵器の保有も憲法違反ではない」とまで言っている。

こういう国の政府が、核使用を含めて核兵器のすべてを違法としている核兵器禁止条約に積極的に賛成できるはずはないし、結局は、同盟国アメリカの核政策の手の上で右

往左往するぐらいしか能がなさそうだね。いざという時にはアメリカの核兵器で守ってもらおうというんだから、口が裂けても「核兵器禁止条約賛成！」とは言えない。せいぜい、アメリカその他の核兵器国も緩やかに賛成するような生ぬるい非核政策しか提起できないだろうね。

K君――結局、日本政府はどういう考えなんですか？

先生――長らく自民党政権の下で外務大臣を務めてきた広島出身の岸田文雄氏は、「核兵器禁止条約は核兵器なき世界への出口です。核軍縮の枠組みとしてはすでに、核保有国も参加して1970年に発効した核不拡散条約（NPT）などの入り口がある。これを出口につなげる努力が必要です」と言い、「国際社会の緊張を減らし、核保有国が核兵器禁止条約に参加できる状況に近づけていくシナリオが必要」で、「そのシナリオの中で『核の傘』の下にいる日本が核軍縮を訴えることは矛盾しない。米中など核保有国と対話して緊張を緩和し、出口へ向かう。その大きな道義的責任が被爆国日本にはあります」と言っています。何となく聞いていると「よさげ」に聞こえるかもしれませんが、問題は、「米中などの核保有国に何をどのように訴えかけて出口に導くのか」――その戦略・戦術が具体的に見えないことだね。

　岸田氏がアメリカ側に核軍縮を働きかける場として期待しているのは「日米拡大抑止協議」だけど、アメリカ国務省のウェブサイトには、この協議は「互いの安全保障・防衛協力の一環として、日米同盟の抑止力の強化およびその維持方法に関して率直に話し合う場」と書いてあり、そこで論議されていることは「核兵器廃絶の出口」に向かっているとはとても思えない。日米の官僚たちが協議している内容は、核戦力を増強する中国や北朝鮮に対抗していかにアメリカの「核の傘」を機能させるかとか、核兵器を頂点とするアメリカの戦力と日本の防衛力を融合する「日米同盟の抑止力」をどう築くかといった話です。「え〜っ！」と感じるなあ。

しかも、現在の政権党内には「核武装論者」も少なくなく、「党の外交部会で核の話を持ち出したらとんでもない議論になりかねない」という「獅《し》子《し》身《しん》中《ちゅう》の虫」もいますね。「獅子身中の虫」というのは、獅子の体内に寄生した虫がついには獅子を死に至らせるという意味だけど、これじゃいくら言葉で「核保有国が核兵器禁止条約に参加できる状況に近づけていくために、唯一の戦争被爆国としての役割を果たす」なんて言っても、とても信じられない。

実際、核軍事同盟の親分の言うことにはひれ伏せざるを得ない、情けない実態がずっと続いている。日本の軍事基地の70％余りが集中している沖縄の深刻な基地問題がちっとも解決しないのも、その端的な表れだね。

先生のコラム4

ジョセフ・ロートブラット

「マンハッタン計画」から脱退

1977年に、日本のNGOが主催する「広島・長崎の被爆の実相と後遺に関する国際シンポジウム」が開催され、放射線医学・物理学者のジョセフ・ロートブラット教授は、「広島・長崎原爆の物理的・医学的影響」と題する報告書の編集の担当者の一人として活躍しました。

シンポジウムの後、出席者一行は広島平和記念資料館を訪問し、展示物をじっくりと見て回りました。この後、放射線影響研究所（放影研）を訪問する予定だったため、一行は資料館からタクシー数台に分乗して移動しました。

途中、著名なロシア人科学者が、「ロートブラット教授、あなたはかつて原爆開発に参加されたことがあるそうですね」と話しかけました。ロートブラット教授は冷静に「はい」と答えました。するとロシアの科学者は追い打ちをかけるように、「では、先ほど訪れた資料館はあなたの作品のパビリオンという訳ですね」とロートブラット教授に迫りました。

同乗していた物理学者の服部学・立教大学教授は「悪い冗談だ」と感じました。しかし、ロートブラット先生は少しも騒がず、「そうです。だから、それぞれの展示物の前では心が張り裂けそうになったのです」と答えました。その真摯な姿勢に、その場にいた科学者たちは深い感動を覚えました。ロートブラット博士はポーランド出身のユダヤ人ですが、イギリスに亡命し、アメリカの原爆製造計画（マンハッタン計画）に参加しました。しかし、ナチス・ドイツに原爆開発能力がないことが明らかになると、開発はもはや不要であるとして完成前に脱退し、帰国してしまいました。

戦後、ロートブラット博士は、科学に関わる重大な社会問題について科学者の責任を考える「パグウォッシュ会議」という世界的運動の事務局長を務め、１９９５年にノーベル平和賞を受賞しました。

私は１９７７年から１９９５年までの18年間、いろいろなレベルでロートブラット先生とお付き合いがありました。最初にお会いした１９７７年の国際シンポジウムの時は、東京から広島に向かう新幹線で隣り合わせに座り、私が書いた長崎原爆の残留放射能に関する数十頁の論稿について質問攻めにあいました。容赦のない家庭教師にマジにしごかれているような感じでしたね。

１９９５年の戦後50周年を記念して立命館大学が開催した世界大学生平和サミットには、ノーベル平和賞受賞決定直後の忙しい時期にもかかわらず、真摯なメッセージを頂きました。

第5講

核兵器禁止条約への流れ

❶核軍縮に踏み出すきっかけ

被爆者と世論の機運が政府の背を押した

K君――結局、核保有国が率先してつくった核不拡散条約（ＮＰＴ）のもとでは、現実にはインド・イスラエル・パキスタン・北朝鮮への核拡散が起こり、核大国の軍縮の面では根本的な廃絶への道が一向に見えなかったということですか？

先生――残念ながら、そういうことだね。

K君――それで、核兵器国には任せておけないというので、非核兵器国や被爆者団体、反核・平和運動に取り組んできたＮＧＯ(非政府組織)が「業を煮やして」核兵器禁止条約づくりに乗り出したってわけですね。

先生――「業を煮やして」かあ。ときどきK君が古い表現を使うのが面白いけど、お父さん、お母さんの影響かな。「業を煮やす」の「業」は仏教用語で「心の働き」、「煮やす」は「火にかける」ことだから、「心が煮えくり返る」、「事が思うように運ばずに腹を立てる」ことだ。まさに、広島・長崎の惨禍を通じて核兵器の非人道性を思い知らされていた人々にとっては、核兵器国の怠慢は腹立たしいことこのうえない。

21世紀に入って特徴的なことは、あらためて「核兵器がもたらす非人道的影響」の原点をしっかり見つめ直そうとする動きが広がったことだろうね。とくに重要なきっかけになったのは、２０１０年に「赤十字国際委員会」が「核兵器は非人道兵器である」と断定する声明を出したことだね。赤十字国際委員会というのは、戦争状態にあっても中立かつ人道的な活動を行う国際機関だ。

「大量破壊兵器」という言葉はK君もよく知っていると思うが、英語では核兵器（Nuclear Weapon）、生物兵器（Biological Weapon）、化学兵器（Chemical Weapon）の頭文字をとってNBC兵器と呼ばれたりする。このうち生物兵器は１９７５年に発効した「生物兵器禁止条約」で、また、化学兵器は１９９７年に発効した「化学兵器禁止条約」でそれぞれ禁止され、核兵器だけが禁止条約から取り残されていた。

K君──生物・化学兵器はもう禁止されているんですね。

先生──そこで、原点に立ち返り、被爆者の体験にしっかり耳を傾けて核兵器の非人道性を見つめ直そうとする機運が高まった。２０１３年、ノルウェー政府の主催で「核兵器の人道的影響に関する国際会議」の第1回会議がオスロで開かれ、１２７か国と国連、赤十字国際委員会などの関係機関から約５５０名が参加した。関心の高さが分かるね。この会議には、日本から朝長万左男・日本赤十字社長崎原爆病院長、田中熙巳・日本原水爆被害者団体協議会事務局長、そして、外務省の軍備管理軍縮課長が出席した。朝長さんは「核戦争防止国際医師会議」でも活躍しているし、長崎の被爆者の田中さんは日本の原爆被爆者運動を束ねながら、核兵器の非人道性を長年にわたってアピールしてきた。

会議ではNGOの代表は核兵器の即時禁止を主張する声が多かったが、政府関係者は核不拡散条約を軸とした現実的な核軍備の縮小を求める声が主流だったね。

K君——やっぱりそういう構図ですか。

先生——この「核兵器の非人道性」については国連総会の第一委員会（軍縮や安全保障の問題を扱う委員会）でも議論されてきたが、2013年の10月7日に開かれた第68回国連総会の第一委員会で日本が初めて「核兵器の人道的影響に関する共同声明」に賛成票を投じたんだ。

K君——えっ！「初めて賛成した」ってことは、それまで反対してたんですか？

先生——日本は1回目の声明から一貫して賛成することを拒否していたんだが、その理由は、「核兵器はいかなる状況下でも使用されない」という文言があったことに日本政府が引っかかったからだ。日本はアメリカの「核の傘」に入り、いざという時には日本の安全をアメリカの核兵器で守ってもらう政策をとっている。もしも「核兵器はいかなる状況下でも使用されない」ということになると、いざという時にアメリカが核兵器を使えないことになるね。それで、「日本の安全保障政策と整合しない」という理由で反対してた。そこで、第68回国連総会の時も、日本がこの声明の表現のまま賛成するかどうか注目されたんだが、結果的に日本も受け入れたんだね。なぜだと思いますか、K君は？

K君―日本の安全保障政策が変わったっていう話は聞かないので、よく分かりませんね。

先生―最大の理由は、世論の圧力ですね。「核兵器の非人道性」について国内外の世論が盛り上がっているときに、「核兵器はいかなる状況下でも使用されない」という声明に反対することは、逆に考えれば、被爆国でありながら「核兵器は場合によっては使ってもいい」と考えていると思われる訳だよね。やっぱり、被爆者たちの「核兵器廃絶」の叫びを踏まえた世論の高揚の中では、日本政府も反対はできなくなったということでしょう。

K君―市民運動っていうのは歴史の大きな流れの中で見ると、影響力をもっているんですね。なんだか嬉しくなりました。

❷「核兵器の人道的影響に関する国際会議」の議論

危険を避ける唯一の道は完全廃棄との声

先生―こうした流れの中で「核兵器の人道的影響に関する国際会議」の第2回会議が翌2014年にメキシコ政府の主催で開かれ、146か国が参加した。出席したメキシコ政府代表のホセ・

アントニオ・ミード外相は、「核兵器は明示的に法的に禁止されていない唯一の大量破壊兵器であり、禁止され、廃絶されるべきである」と述べ、「核兵器を拒否し、その使用または使用の威嚇や存在を非難し、これを拒否することこそ『人間の安全保障の柱に据えられるべき』だ」と発言している。いい感じだね。

メキシコは一貫して核兵器廃絶の運動を支持し、励ましてきた。古い記憶だけど、1978年に第1回国連軍縮特別総会がニューヨークの国連本部で開かれた時、僕は502人の日本のNGO代表団の運営委員として同行したんだが、科学者と婦人団体の代表が現地のメキシコの国連代表部を訪れたとき、地域婦人団体連合会（地婦連）の田中里子さんが、「今日はわざわざお出まし頂きありがとうございます」と挨拶したら、大使は「いやいや、僕は2階から降りてきただけだけど、あなた方こそはるばる日本から来て頂き、ありがとうございます」と応答した。みんな親しみを感じたね。

この第2回会議の「被爆証言セッション」では、カナダ在住のサーロー節子さんや田中熙巳さんら原爆被爆者が発言し、核兵器の非人道性についての国際社会の認識を深めることに貢献した。

K君—核兵器禁止条約の成立に至る過程で被爆者が果たした役割は大きいんですね。

先生—この第2回会議までは核保有国は参加しなかったんだが、158か国が参加した2014年のウィーン（オーストリア）の第3回会議にはアメリカとイギリスが出席した。もちろん、たくさんのNGO代表も参加した。

会議は、過去2回の会議で示された核兵器の非人道性に関する情報に基づいて行われ、いくつかの点を総括した。まず、核兵器使用の影響は国境で食い止めることもできず、地域的、ひいては地球規模の最悪の結末を生じ得るうえ、破壊、死、強制移動、さらには環境、気候、人間の健康や福祉、社会経済的な発展、社会秩序に対する深刻かつ長期にわたる被害をもたらし、人類の生存さえ脅かし得るものであることを指摘した。

そして、核兵器が存在する限り、核兵器の爆発の可能性が消えることはないとし、人的ミスやサイバー攻撃に対する核兵器指揮・管制システムの脆弱《ぜいじゃく》性などからして、事故やミスや想定外の原因、さらには故意の核兵器使用の危険性があることは明白であると指摘、テロリスト集団などの非国家主体が核兵器やその関連物質を入手する危険性が続いていることも警告した。そして、核兵器爆発の危険性を回避するための唯一の保証は、「核兵器の完全廃棄」にほかならないと総括したんだ。

会議では、現在は核兵器の保有、移転、製造、使用を普遍的に禁止する包括的な法的規範は存在しないが、過去2年にわたって出されてきた新たな証拠によれば、核兵器使用による惨禍は単に法的な問題に留まらず、道徳的観点からも再考されなければならないことを指摘した。実際、多くの政府代表は、核兵器の存在と使用の可能性、そしてそこから生じる受け入れがたい結末が、重大な道徳的、倫理的問題を呈しているという見解を示していたんだね。

非人道性への危機感を共有する流れに

K君――でも、アメリカやイギリスは賛成しないでしょう。

先生――それはそうさ。アメリカやイギリス以外の少なからぬ国も、「ステップ・バイ・ステップのアプローチこそが核軍縮を達成する道だ」とし、包括的核実験禁止条約や核兵器用核分裂物質生産禁止条約のような「部分措置」の積み上げが重要だと主張した。そして、さまざまな一国レベル、二国間、多国間の核軍縮措置の積み上げこそが、核兵器のない世界をめざす短期的・中期的な現実に実行可能な道だと主張した。

それに対して、他の多くの政府代表が、「核兵器の完全廃棄と禁止こそ世界の安全を保証する唯一の方法だ」と主張し、核兵器を禁止するための新たな法的文書、つまり核兵器禁止条約をつくるために交渉を始めることに同意する旨の発言をした。

そして、翌2015年が広島・長崎の被災から70周年に当たることから、2015年のNPT再検討会議が「核兵器の人道的影響に関する国際会議」の成果も踏まえ、核兵器のない世界の実現に向けた「次なる措置」、つまり、核兵器禁止条約の契機となることを期待した。

K君――でも2015年のNPT再検討会議は中東問題で対立して、合意文書がつくれなかったんですね。

先生――この会議では最後まで中東の非核化をめぐって意見の対立の溝が埋まらなかったんだね。イスラエルは事実上の核保有国だと考えられていることはすでにK君とのこの対話でも触れたね。この時の再検討会議の最終文書には「2016年の3月1日までに、すべての中東諸国を招待する国際会議を開催するよう、国連事務総長に委任する」という一文が盛り込まれていたんだが、これがもめた原因の一つだった。実は、2010年の再検討会議の最終文書には、2012年までにそういう国際会議を開催することになっていたが、イスラエルの抵抗で開かれなかった。アメリカやイギリスなど、イスラエルに配慮する国は「会議開催の期限を区切るべきではない」と主張し、最終文書草案は「非現実的で、不可能だ」としてエジプトやイランなどと激しく対立し、最後まで折り合わなかった。

これだけ聞くと、なんだか再検討会議が大きく後退したように感じるかもしれないが、たとえばオーストリアのアレクサンダー・クメント国連大使は、「核兵器の人道的影響に関する共同声明」を支持する国が160か国近くに達したことは大きな警鐘であって、「国際社会を核兵器への依存から抜け出す緊急かつ断固とした行動に結束させるものだ」と指摘したし、ブラジルのアントニオ・デ・アギアール・パトリオッタ国連大使は、「人道的側面からのアプローチは核廃絶の議論に新たな力を注いだ」と語り、核保有国がこの声に応えるよう要求した。だから、核兵器を使用すれば極めて非人道的な結末がもたらされることについては核保有国も認めざるを得なくなりつつある。

核保有国であるフランスの代表は、２０１４年の国連総会では「核兵器の非人道性」からのアプローチは「解決を追求しないイデオロギー的な接近だ」と言っていたのに、２０１５年の再検討会議では「核兵器がもたらす甚大な影響を全面的に認識する」と発言した。イギリスの代表も、「核兵器の使用によって壊滅的な人道的影響がもたらされるという点にイギリスは同意する」と発言し、「核軍縮の遅れへの失望感が非人道性に関する最近の多くの国際会議で鮮明に現れた」という認識も示した。もちろん、核保有国であるイギリスやフランスはその一方で「核抑止力の正当性」を主張したんだが。

確かに、核兵器についての政策を根本から異にする国々の合意形成には非常に複雑な要素が絡み合っているから、そう簡単に一筋の道を辿るような訳にはいかないけれども、２０１０年以来の国際的な趨勢《すうせい》を見れば、ブラジル大使が言うように、核兵器の非人道性に関する危機感が国際社会の大きな流れになっているね。

❸ICANのノーベル平和賞受賞

100か国超える NGOの革新的な努力の賜物

K君―世界が核兵器禁止の方に動いていく流れを感じますが、市民運動はどういう役割を果たしたんですか？もちろん、被爆者がきわめて重要な役割を果たしたことは理解していますが。

先生―K君は、「核兵器廃絶国際キャンペーン」（ICAN）という団体が2017年のノーベル平和賞を受賞したことは知っているでしょう。

K君―はい、「アイキャン」っていう「私はできる」っていう意味の略称がとても印象的でした。

先生―ノーベル平和賞の授賞理由は「核兵器の使用がもたらす破滅的な人道上の結末への注目を集め、核兵器を条約によって禁止するための革新的な努力をしてきたこと」でしたが、ICANは核兵器禁止条約の成立に貢献してきた世界のNGOの連合体だね。100か国以上から500近い団体が参加しており、日本のNGO諸団体も直接・間接、このICANの運動と連動して運動をすすめてきた。

K君―日本の反核運動はかつて分裂していたって聞きましたけど……。

先生―日本の原水爆禁止運動が不幸な分裂期を経験したことは、K君も聞き及んでいるんだね。知っての通り、日本の運動は1954年のビキニ水爆被災事件に端を発して急速に盛り上がり、「原水爆禁止日本協議会」が結成された。しかし、その後、ソ連の核実験や1963年の部分的核実験禁止条約などの評価をめぐって対立し、原水爆禁止国民会議や核禁会議など政治系列、労働組合系列で分裂した。のちには原発問題に対する考え方の違いなども対立の原因になった。

困ったのは日本青年団協議会や地域婦人団体連絡協議会、日本生活協同組合連合会だね。これらの団体は特定の政治主張で組織されている訳ではない。結局、運動の分裂期には全国的な反核運動から遠ざかることになった。それではいけないということで、1977年に「NGO被爆問題国際シンポジウム」に共同で参画した。このシンポジウムの本名は「被爆の実相とその後遺、被爆者の実情に関するNGO被爆問題国際シンポジウム」っていうんだが、歴史的な成果を上げたので今でも関係者の間では「77シンポ」で通るぐらい有名なんだよ。被爆者を中心にした「人間の顔をしたシンポジウム」って言われた。

もともと翌1978年に開催が予定されていた「第1回国連軍縮特別総会」に向けて企画されたもので、労働者や科学者や医師や広範な市民の団体が準備委員会をつくって協力した。約1万人の被爆者を対象にした大規模な調査も実施し、原爆被爆の医学的影響だけでなく、生活史調査も実施した画期的なものだったね。シンポジウムにはノーベル平和賞受賞者のフィリップ・ノエル＝ベーカー（イギリスの政治家・外交官で、1920年のアントワープ・オリンピック1500m銀メダリスト）やショーン・マクブライド（アイルランドの国際政治家）をはじめ、アーサー・ブース（国際平和ビューロー）、フランク・バーナビー（ストックホルム国際平和研究所）、ジョセフ・ロートブラット（1995年ノーベル平和賞受賞）、ジョージ・ウォールド（ハーバード大学）、ペギー・ダフ（軍縮と平和のための国際連合）など、そうそうたるメンバーが招待された。僕も運営委員の一人として参画してた。

この1977年から10年ほどの間、分裂していた日本の原水爆禁止運動を統一しようという努力が払われて、原水爆禁止世界大会も毎年統一大会として組織された。僕はその真っただ中にあって、大会の国際会議宣言の起草作業に関わっていました。今となっては打ち明けられるけど、それはそれは難儀な会議だったね。国際会議宣言の起草委員長は77シンポにも参加したイギリスのペギー・ダフさんだったけど、議長席で編み物をするような肝っ玉おばちゃんで、『レフト・レフト・レフト』（左翼・左翼・左翼）なんていう本まで書いた反核・平和運動のリーダーだった。起草委員会では僕がアメリカ評論家の陸井《くがい》三郎さんと一緒につくった原案をもとに議論するんだが、日本側でしばしば大激論が起こる。するとペギーおばちゃんが、「いま日本側で核戦争が起こっているから、15分休憩」なんて宣言する状況です。もみくちゃにされながらその嵐の10年の間に僕はたくさんのことを学び、意見や立場を異にするたくさんの人々とも心通じ合えるようになりました。

だから、核兵器をめぐる国際会議で合意点を探る作業がどれほど大変かは、かなり良く分かっているつもりです。まして、それが国家を代表する人々の会議ともなれば、国の主張を自分の現場判断で勝手に変える訳にはいかないから、合意形成は大変だね。持ち帰って政府とのすり合わせが必要になったりするから、とても時間もかかる。

K君―先生はそうは見えませんけど、大変な経験をした闘士なんですかね。びっくりしました。

先生―僕は原子力や放射能を専門とする自然科学者だから、「闘士」なんて勇ましいもんじゃないよ。会議を支える裏方です。結局10年の経過を経て、日本の原水爆禁止運動の再統一は成らなかったけれど、運動の再統一を自己目的化するのではなく、歴史的に見てもそれぞれの組織にはそれぞれの存在理由がある訳だから、被爆者の声を大事にし、「核兵器を禁止する」という大義を共有しながら、共同できる課題については互いに協力するという道が１９９０年代以降は模索されてきました。

日本では「ピースボート」が牽引役のひとつ

K君―核兵器禁止条約についてはどうなんでしょうか?

先生―２０１０年、日本では20ほどのＮＧＯが「核兵器廃絶日本ＮＧＯ連絡会」をつくって連携した運動を進めてきた。重点課題は（１）核兵器禁止条約の早期発効と普遍化を含む、核兵器廃絶のための世界的な制度の構築、（2）安全保障政策における核兵器の役割の縮小、（3）原子力の民生利用に対する核不拡散のための新しい手立て、（4）北東アジアにおける地域的非核・平和のシステムの構築、の四つで、5人の共同世話人体制で運営されています。
その世話役を担っている団体の一つに、K君も知っている「ピースボート」という団体があります。世界一周の船旅などを企画・運営している団体であることは知っての通りだが、ピースボートは実はICANの有力な会員の一つです。「核兵器廃絶日本NGO連絡会」の本部もピースボート内に置かれていますが、ピースボートの共同代表の川崎哲さんは2012年〜2014年にはICANの共同代表も務めており、国際的にも大いに活躍しています。僕が名誉館長を務める立命館大学国際平和ミュージアムには、さまざまな平和の問題に取り組む市民団体を紹介するコーナーがありますが、ピースボートはそこでも紹介されてるね。

K君――ICANはいつ生まれたんですか？

先生――2007年、核戦争防止国際医師会議(IPPNW)を母体にオーストラリアで発足した。だからそれ自身は比較的新しい組織ですが、その母体となった核戦争防止国際医師会議は1980年に生まれた組織で40年の歴史をもつ。ICANは2011年にジュネーブに国際事務所を設置して以来、「核兵器の非人道性」を訴える国ぐにの政府と協力して「核兵器を国際法で禁止するキャンペーン」を活発に展開してきた。ICANの執行部は、世界10団体からなる国際運営グループだが、日本からはピースボートが参加して、川崎哲さんが国際運営委員を務めているね。

K君―どういう方針でＩＣＡＮの会議に臨んできたのでしょうか？

先生―一つは、何と言っても、核兵器の非人道性の基礎となる「広島・長崎の被爆者たちの声」を国際社会に伝えることだね。ピースボートは、「ヒバクシャ地球一周証言の航海」（おりづるプロジェクト）を企画し、２００８年から２０１７年までに合計１７０人もの被爆者と共に世界をめぐる船旅をした。行く先々で、ＩＣＡＮの加盟団体や関係者が証言会の開催や市長や大臣への要請行動などに協力してくれた。２０１７年のノーベル平和賞の受賞演説では、ＩＣＡＮのベアトリス・フィン事務局長と並んでサーロー節子さんがスピーチした姿を覚えているかな？

K君―広島の被爆者で、カナダにお住いでしたっけ？何か、アメリカ映画の『スタートレック』シリーズに出ている俳優のジョージ・タケイさんが甥《おい》だって聞いて「へぇ～！」と思ったことがありました。

先生―へぇ～、それは知らなかったなあ。ピースボートは、いかにもピースボートらしく、「サーロー節子さんはピースボートの水先案内人」って言ってるね。僕も原水爆禁止世界大会などで節子さんとご一緒しましたが、英語で被爆体験を直接、国際社会に訴えられる節子さんの存在は非常に大きいと思いましたね。

K君——やっぱり国際社会に伝えるには英語ですかね。僕も英語運用能力を高める必要はヒシヒシと感じています。

先生——それはいいね。言語学的に英語が優れているとかいないとかいう問題じゃなくて、国境を越えた協力関係を築こうと思ったら、実質的に英語が作業言語なんだね。うまく話そうとか、きれいな英語を話せないといけないとか、文法的に正しい英語を話そうとかいうよりも、自分が伝えたいと思うことを怖《お》めず臆せず、気後れせずに話そうとする意欲が大事だね。頑張って下さい。

残念ながら日本人は人生の上で英語を話さなければいけない切羽詰まった必要はあんまりなかったし、日本語で表現力豊かな言語生活が送れたから、外国語の運用能力はあまり高くない。だけど、国際社会に何かアピールするうえでは、これはかなりのハンディキャップになるね。原爆の非人道性に関する資料は日本にいっぱいあるし、感動的な被爆者証言もたくさんあるんだが、変な表現だけど日本語のままでは「宝の持ち腐れ」になりかねない。若い人たちにも協力してもらってどんどん英語に翻訳し、国際社会に発信してもらいたいね。

話がちょっと横道にそれたが、ピースボートが取り組んできたもう一つのことは、日本の反核・平和団体の協力関係や政府との対話を促進する活動だね。

核なき世界の実現を望む1千万人が賛同

K君——僕は「ヒバクシャ国際署名」に署名したんですが、これも日本の反核・平和団体が共同で取り組んでいるんですすね。

先生——「ヒバクシャ国際署名」は、もともと2016年4月に広島と長崎の被爆者がはじめた署名活動で、世界中で数億の署名を集めようという壮大なプロジェクトです。その年の8月には「ヒバクシャ国際署名連絡会」が発足して、日本中、世界中に広げる共同の努力をしてきた。すでに1千万人を超える人々が署名している。国内では日本中のたくさんの市長や知事が署名しているし、国外でも、アイルランド、アメリカ、アルジェリア、アルゼンチン、イギリス、イスラエル、イタリア、インド、エジプト、オーストラリア、オランダ、カナダ、韓国、スイス、スウェーデン、スペイン、チュニジア、ドイツ、ニュージーランド、ネパール、ノルウェー、パラオ、パレスチナ、ハンガリー、フィリピン、ブラジル、フランス、ベトナム、ポーランド、ポルトガル、マレーシア、マーシャル諸島、メキシコ、モロッコ、リトアニア、ルーマニア、ロシアほか、数多くの国で取り組まれているね。国連に提出されて、核兵器禁止条約の規範力を高めるために役立てられつつある。被爆者の平均年齢が80歳を超える中で、「被爆者の命あるうちに核兵器をなくしたい」という強い思いが込められた署名です。

章の最後に、この署名が訴えている内容を紹介しよう。

○国際署名「被爆者は核兵器廃絶を心から求めます」

人類は今、破壊への道を進むのか、命輝く青い地球を目指すのか岐路に立たされています。

1945年8月6日と9日、米軍が投下した2発の原子爆弾は、一瞬に広島・長崎を壊滅させ、数十万の人びとを無差別に殺傷しました。真っ黒に焦げ炭になった屍《しかばね》、ずるむけのからだ、無言で歩きつづける人びとの列。生き地獄そのものでした。生きのびた人も、次から次と倒れていきました。

70年が過ぎた今も後障害にさいなまれ、子や孫への不安のなか、私たちは生きぬいてきました。もうこんなことは、たくさんです。

沈黙を強いられていた被爆者が、被爆から11年後の1956年8月に長崎に集まり、日本原水爆被害者団体協議会（日本被団協）を結成しました。そこで「自らを救い、私たちの体験を通して人類の危機を救おう」と誓い、世界に向けて「ふたたび被爆者をつくるな」と訴えつづけてきました。被爆者の心からの叫びです。

しかし、地球上では今なお戦乱や紛争が絶えず、罪のない人びとが命を奪われています。核兵器を脅迫に使ったり、新たな核兵器を開発する動きもあります。現存する1万数千発の核兵器の破壊力は、広島・長崎の2発の原爆の数万倍にもおよびます。

核兵器は、人類はもとより地球上に存在するすべての生命を断ち切り、環境を破壊し、地球を死の星にする悪魔の兵器です。

人類は、生物兵器・化学兵器について、使用・開発・生産・保有を条約、議定書などで禁じてきました。それらをはるかに上回る破壊力をもつ核兵器を禁じることに何のためらいが必要でしょうか。被爆者は、核兵器を禁止し廃絶する条約を結ぶことを、すべての国に求めます。

平均年齢80歳を超えた被爆者は、後世の人びとが生き地獄を体験しないように、生きている間に何としても核兵器のない世界を実現したいと切望しています。あなたとあなたの家族、すべての人びとを絶対に被爆者にしてはなりません。あなたの署名が、核兵器廃絶を求める何億という世界の世論となって、国際政治を動かし、命輝く青い地球を未来に残すと確信します。あなたの署名を心から訴えます。

２０１６年４月

〈呼びかけ被爆者代表〉坪井直、谷口稜曄、岩佐幹三（以上、日本原水爆被害者団体協議会＝日

本被団協＝代表委員）、田中熙巳（日本被団協・事務局長）、郭貴勲（韓国原爆被害者協会・名誉会長）、向井司（北米原爆被害者の会・会長）、森田隆（ブラジル被爆者平和協会・会長）、サーロー・セツコ（カナダ在住）、山下泰昭（メキシコ在住）

先生のコラム5

ロバート・グリーン

元軍人、「核抑止論」を批判

ロバート・グリーン著・大石幹夫訳の『核抑止なき安全保障へ――核戦略に関わった英国海軍将校の証言』（かもがわ出版）は、「核抑止論」批判の力作で、表紙の写真には、女性が「核の傘」と書いた「破れ傘」をさしている姿が使われています。

著者のグリーン氏は、1962年から1982年まで20年間、イギリス海軍に勤務し、爆撃誘導士としてバッカニア核攻撃ジェット機と対潜水艦ヘリコプター

に搭乗しました。１９７８年に中佐に昇進すると、英国国防省に勤務し、その後、最後の部署としてフォークランド戦争における艦隊司令長官の情報担当参謀を務めました。しかし、核兵器による威嚇にもかかわらずイギリスとアルゼンチンがフォークランド紛争を起こした経験から、「核抑止は『国家による信用詐欺』だ」と考えるようになり、核抑止論批判に精力的に取り組むに至りました。

グリーン氏は１９９１年から２００４年まで、国際的な市民運動「世界法廷プロジェクト」(World Court Project)のイギリス支部議長を務め、同司法裁判所が１９９６年に「核兵器の威嚇または使用は一般的に国際人道法に違反する」という勧告的意見を出すに至る過程で大いに貢献しました。

現在はニュージーランド在住で、国連事務総長軍縮問題アドバイザーを務めていた妻のケイト・デュースさんともども、反核・平和運動に活躍しています。

第6講

核なき世界への新たな道

❶核兵器禁止条約案の登場

条約案が起草されたのは1996年だった

K君——非核兵器国や世界中のNGOの共同の努力の中で、2017年7月7日、ついに国連で核兵器禁止条約が賛成122、反対1、棄権1で採択されましたね。これを知ったとき、「やった〜！」って思いましたが、今日、先生とお話する中で「道はまだ半ばだ」っていうことを痛感しました。

先生——核兵器禁止条約が起草されたのは、実は1996年4月まで遡るんだ。「モデル核兵器禁止条約」（mNWC）という名前の条約草案が、核拡散に反対する国際科学技術者ネットワーク、国際反核法律家協会、核戦争防止国際医師会議の共同で起草された。この条約草案の狙いは、核軍縮の法的、技術的、政治的可能性を見立てることだった。

翌1997年11月に、国連加盟国のコスタリカがこの「モデル核兵器禁止条約案」を国連事務総長に提出し、国連加盟国に配布された。そして10年後の2007年、コスタリカとマレーシアが改訂版の核兵器禁止条約案を国連の「核不拡散条約運用検討会議」第1回準備委員会に共同提案した。この時点で、核兵器禁止条約が国連の議論のレールに乗った訳だね。同条約案は、核兵器の開発、実験、製造、備蓄、移譲、使用、使用の威嚇について禁止する非常に包括的な内容だった。

そして、2011年10月26日～31日、国連総会の第一委員会（軍縮・国際安全保障問題を扱う委員会）で、マレーシアなどが提出した「核兵器禁止条約の交渉開始を求める決議」が127か国の賛成で採択されたんだね。

5年後の2016年10月28日、この国連総会第一委員会が「多国間核軍縮交渉を開始する決議案」を賛成123、反対38、棄権16で可決した。これはまさに核不拡散条約（NPT）第6条（各締約国は、核軍備競争の早期の停止及び核軍備の縮小に関する効果的な措置につき、並びに厳重かつ効果的な国際管理の下における全面的かつ完全な軍備縮小に関する条約について、誠実に交渉を行うことを約束する）の実践に関わる提案だけど、核兵器禁止条約の実現を望む国々は賛成したが、核保有国であるアメリカ、イギリス、フランス、ロシアは反対、日本も反対した。これに対し、北朝鮮は賛成、中国は棄権したんだ。核保有国でも対応に違いがあるね。

K君――こう見ると、国連がこういう問題を取り上げるに至る発端には国際反核法律家協会などのNGOの働きかけがあったんですね。世界のあり方を決めるのは国だけではなくなってきていることを感じます。

先生――そしていよいよ2017年を迎えた。ニューヨークの国連本部で3月に第1回、6～7月に

第2回の核兵器禁止条約交渉会議が開かれた。条約は第2回会議の延長線上で7月7日に採択されることになるんだが、日本の高見澤將林《のぶしげ》軍縮代表部大使は第1回会議で、「核兵器国と非核兵器国双方を巻き込んだ現実的かつ実践的な措置を積み上げていくことが重要」と述べ、核兵器禁止条約については、「核兵器国が参加しない形で条約を作ることは、核兵器国と非核兵器国の亀裂など、国際社会の分断を一層深め、核兵器のない世界を遠ざけるものとなる」と主張して、「わが国として本件交渉会議に建設的かつ誠実に参加することは困難」と結論したんだね。

また、核兵器禁止条約の採択のときに唯一「反対票」を投じることになるオランダも、第1回会議の中で、「核兵器保有国の広い支持がない条約はだめだ」と発言した。オランダはヨーロッパと北アメリカの30か国が参加する北大西洋条約機構（NATO）という軍事同盟に加盟しているが、加盟国のほとんどが欠席するなかでオランダは出席し、いわばNATO諸国の声を代弁する形で、あえて「悪者」になる道を選んだ格好だね。オランダ政府は「核の傘」を提供するアメリカの圧力と国内の反核世論の板挟みの中で、「どんな禁止条約もNATOの義務と矛盾しない内容でなければならない」と主張して反対した。日本と類似の行動をとったわけだが、日本は第1回会議だけ出席して、7月7日の採択の場面には欠席していた。オランダと同様、アメリカの圧力と国内外の反核世論の盛り上がりの下で、日本は自ら蚊帳の外に出た感じだね。

❷オランダ、シンガポール、日本の立場

「NPTと矛盾」「核兵器国との亀裂生む」賛成せず

K君――なんだか「唯一の戦争被爆国」だというのに、アメリカとの「核の相合傘」の中に入って、雨の中をウロウロさまよっている感じがします。核軍縮のイニシャチブをとってほしいですね。

先生――「核の相合傘」とはしゃれた表現だな。結局、歴史的な核兵器禁止条約の採択は2017年7月7日に行われ、122か国の賛成とオランダの反対、シンガポールの棄権という形で決着した。コスタリカのエレイン・ホワイト議長は全会一致をめざしていたんだが、オランダが反対の立場をとった。オランダが反対した理由は第1回の条約交渉会議で表明された通りだが、まあ、核兵器国とその「核の傘」に入っている国々の立場の「アリバイ証明」みたいなところがあったな。また、シンガポールが棄権に回ったのは、核兵器禁止条約に参加することが核不拡散条約（NPT）に参加していることと矛盾しないかどうか、慎重に検討していたということだったようだね。

K君――核不拡散条約と核兵器禁止条約が矛盾するっていうことですか？

核兵器禁止条約が採択されると、会場内はほぼ総立ちになり、拍手が鳴り止まなかった
＝2017年7月7日、米ニューヨークの国連本部（朝日新聞社提供）

先生──核不拡散条約は「核軍縮の精神」は述べているが、核兵器国の核保有は認めている訳だし、まして、核兵器の使用については別に禁止条項はない。一方の核兵器禁止条約は核兵器の保有も使用も使用の威嚇も全部禁止している。使用も含めて禁止されると核保有国にとっては、核兵器は「持ってても使えないもの」になる訳だから、核抑止論の根底が崩れるね。それこそ、核兵器は「張り子の虎」に過ぎないことを公然と認めることになる訳だから、脅し（威嚇）にも何にもならない。核保有国にとっては、核安保政策を変えない限り、絶対に認められない内容だね。

シンガポールは、イギリス、オーストラリア、ニュージーランド、マレーシアのイギリス連邦諸国との「5か国防衛取極」（FPDA）という軍事同盟に参加しているから、まあ、核保有国イギリスに気を遣ったと言えなくもないだろうね。

K君──そういう反対やどっちつかずの国々もありながら、あの2017年7月7日の議場は感動に包まれたようですね。

先生──何しろ非核兵器国や世界のNGOが20年来、核兵器禁止条約の実現に努力してきたわけだから、そりゃあ「ついにやったぁ！」という大きな興奮と感動に包まれた。国連のアントニオ・グテーレス事務総長も、「条約の発効は、核爆発や核実験の被害を受けた生存者に対し、敬意を表するものだ」という談話を発表し、「いかなる核兵器の使用も壊滅的な人道的被害をもたらすことに注意を喚起しようとする世界的な運動の集大成でもある」としてこの条約を歓迎するとともに、国連としても核軍縮を最優先課題として取り組んでいく姿勢を改めて示した。

その一方で、核保有国のアメリカ・イギリス・フランスは、「条約は国際安全保障の現実を全く無視している」と非難する共同声明を発表した。改めて、核兵器国と非核兵器国ののっぴきならない対立が明らかになった形だが、その中で、自ら議論の蚊帳の外に出た被爆国日本の別所浩郎国連大使は、同条約の採択後、「日本は署名しない」と明言し、「核保有国と非核保有国の協力の下で核廃絶を目指す」と従来の主張を繰り返した。仮にそれを認めるとしても、いったいどうやって核廃絶を実現させるのか、具体的なロードマップを提案して可能性やそれを妨げる原因について明らかにし、どのように阻害要因を克服するのか展望を示さないと、核兵器廃絶に向かう世界の潮流の中ではいつまでも「核超大国アメリカに忖度する被爆国」という批判を払拭《ふっしょく》できないだろうな。

K君―でも、こんなことは歴史上初めてなんじゃないですか?

先生―確かに、1945年の広島・長崎への原爆投下直後に国連が発足して以来、核兵器を違法とする条約が国連で採択されるのは初めてだね。ずいぶん時間がかかったが、歴史が被爆者やその叫びに応える市民社会の声も反映して、大きなうねりをつくり出していることは確かだね。

核兵器禁止条約交渉会議のエレイン・ホワイト議長が、「国際社会にとって歴史的な瞬間だ」として涙を流すほど感動していた様子が報道されたが、僕たちの仕事はまさにこれからだね。感涙に浸っているヒマはない。

❸核兵器禁止条約の内容

開発から実験、製造、保有、移譲、使用、威嚇までを禁止

K君―核兵器禁止条約は、具体的に何を禁止しているのですか？

先生―条約は24項目からなる前文と20条からなる本文によって構成されている。核不拡散条約（NPT）、化学兵器禁止条約、対人地雷禁止条約、クラスター弾条約など、先行して成立した既存の軍縮・軍備管理条約がいろいろな形で参照されているね。

前文には、条約の理念や目的、その背景などが展開されている。とくに、2010年代以降に論議されてきた「核軍縮に対する人道的アプローチ」にはっきりと言及している。第2項は、「核兵器の使用がもたらす壊滅的な人道上の結末について深く憂慮するとともに、核兵器の廃絶が必須であり、それこそが核兵器が使われないことを保証する唯一の方法である」という認識を述べているね。そして、第4項で、核兵器が使われたらその壊滅的な影響に対処する適切な方法など存在せず、国境を越えてさまざまな重大な影響を及ぼすとの認識を示した。関連して、第6項と第24項には、核兵器使用の被害者を表す言葉として「ヒバク

シャ（hibakusha）」が用いられている。例えば第6項には「核兵器の使用による犠牲者（ヒバクシャ）ならびに核兵器の実験による被害者にもたらされた受け入れがたい苦痛と被害を心に留める」とあり、第24項には、「核兵器廃絶への呼び掛けでも明らかなように人間性の原則の推進における公共の良心の役割を強調し、国連や国際赤十字・赤新月社運動、その他の国際・地域の機構、非政府組織、宗教指導者、国会議員、学界ならびにヒバクシャによる目標達成への努力を認識する」とあるね。

K君──「hibakusha」という言い方は歴史的にはいつごろ登場したのでしょうか？

先生──僕の理解では1977年に日本で開かれたいわゆる「77シンポ」（NGO被爆問題国際シンポジウム）だと思うね。あの頃、原爆の爆発にさらされたいわゆる「被爆者」だけでなく、核兵器生産のためのウラン鉱山労働者の被害なども含めて、広く被害者を括る概念が必要とされた。日本語では原爆にさらされた被害者は「被爆者」、放射線にさらされた被害者は「被曝者」という区別があり、「火へん」と「日へん」なので、火曜日と日曜日なんて区別されたりした。しかし、両方ともカタカナで書くと「ヒバクシャ」で、それを国際的な議論の中ではhibakushaと表現したのが始まりでしょう。僕も「77シンポ」の中でこの問題について発言した記憶がある。それから43年経って、今や条約に登場する国際共通語として認知された印象だね。

K君──核兵器禁止条約の前文を読むと、「1946年1月24日に採択された国連総会の最初の決議」

という表現が出てきますが、これはどういうものでしょうか？

先生――K君も知っている通り、国際連合（国連）ができたのは日本の全面降伏で第二次世界大戦が終結した1945年の10月24日のことだった。そして、最初の総会は翌1946年1月10日、ロンドンのメソジスト・セントラル・ホールで開催された。総会では「国際連盟」を廃止することや、新しく門出する国連の本部をニューヨークに置くことなどが決められたんだが、総会は記念すべき第1号決議で原子力委員会の設置を決め、その任務として、「核兵器を含むすべての大量破壊兵器を各国の軍備から廃絶すること」を求めたんだね。決議の提案国はアメリカ、ソ連、イギリス、フランス、中華民国、カナダの6か国だったが、当時、核兵器を独占していたアメリカでさえ核廃絶を求めていたことが分かるね。すでにこの対話でも触れたとおり、原爆が登場した最初のころは、みんなその威力にびっくり仰天してある意味で「素直」だったんだが、アメリカには、広島・長崎への原爆投下で核兵器の威力を知ったため、他の国が持ったら大変だというので、他国に核兵器を保有させたくない思惑があった。

しかし、実際には、国連第1号決議のわずか数年後には米ソ冷戦が地球規模で始まり、核兵器廃絶どころか、核軍備競争に突入した。やっかいなことに、第1号決議を提案した国々は、ソ連がロシアに、中華民国が中華人民共和国に代表権が変わった今も、核兵器禁止条約には一つも加わっていない。皮肉だね。

K君――この対話でもずいぶん「歴史は行ったり来たり」という印象をもちましたが、「行きっぱなし」

にならないように声を上げないといけませんね。

先生―ところで、核兵器禁止条約の本文を見ると、一番大事なのはやっぱり第1条です。「核兵器その他の核爆発装置の開発、実験、生産、製造、取得、保有、貯蔵、移譲、受領、使用、使用の威嚇を禁止」とすべてを禁止してますね。しかも、第1条には「締約国はいかなる状況においても次のことを実施しない」と書いてあるので、禁止措置には例外がない。「国家の存亡の危機の場合には使用が許される」とか、「自衛のための最小限度を超えなければ使っていい」とか、そういう例外はない訳だ。しかも、交渉の最終段階では「使用の威嚇」も禁止対象に含まれたから、「核抑止力政策」そのものも否定されている。こりゃあ確かに核保有国にとってはたまったもんじゃないね。

K君―条約加盟国がちゃんと約束を守っているかどうかについては何か取り決めがあるんですか？

先生―条約の第2条には、「締約各国は本条約が発効してから30日以内に国連事務総長に以下の申告をする」とあって、条約発効前に核兵器を所有していたかどうか、核兵器計画があった場合には全ての施設を廃棄、または後戻りできないように転換したかどうか、などを申告しなければならないことになってるね。

そして、条約第4条には、本当に申告どおり廃棄したかどうかを検証するために、「法的権限のある国際機関」と協力して検証する義務を負っている。また、申告した核物質が軍事目的に転用されていないことを証明するため、国際原子力機関との間で保障措置協定を結ばなければならないことにもなってます。

K君―この条約は核兵器の被害者については何か定めがあるんですか？

先生―第6条に「被害者支援と環境改善」という条項があって、「締約国は、核兵器の使用や実験で悪影響を受けた者について、適用可能な国際人道法および国際人権法に従って、医療やリハビリテーション、心理療法を含め、差別することなく、年齢や性別に適した支援を提供し、これらの者が社会的、経済的に孤立しないようにする」という非常に具体的な定めがある。そして、「核実験や核兵器の使用などで環境が汚染された場合には、その改善に向けて必要かつ適当な措置をとる」ことも決められているね。

2年ごとに締約国会議、6年ごとに検討会議

K君―この条約は、核不拡散条約（NPT）の「再検討会議」みたいな仕組みはないんですか？

先生―条約締約国は、「条約の適用または実施に関する問題や核軍縮のための更なる措置に関する問題を検討し、必要な決定を行う」ために2年に1回の割合で「締約国会議」を開くことになっており、「条約の運用および条約の目的達成の進展状況を検討する」ために、条約発効後5年後に「検討会議」を開くことになってる。この検討会議は、その後は6年ごとに開催される決まりだね。近年の軍備管理・軍縮条約では必ずこの「検討会議方式」が採用される。

まだ条約に加盟していない国も、国連などの国際機関や赤十字国際委員会、関連するＮＧＯなどは、これらの会議へのオブザーバー参加が認められている。

Ｋ君――条約を改正したい時はどうすればいいんでしょうか？

先生――条約の第10条に「改正」のルールがある。それによると、「締約国は本条約の発効後いつでも改正を提案できる」ことになっていて、国連事務総長が改正提案について意見を聞き、締約国の多数が90日以内に支持する意向を示したら、提案は次に開かれる締約国会議か再検討会議のいずれか早い方で検討され、締約国の3分の2の多数が賛成すれば改正できる仕組みだ。

Ｋ君――へぇ〜。ちゃんとぬかりなく取り決められている感じですね。でも、２０１７年の７月７日には１２２か国が賛成したのに、批准国はまだずっと少ないですね。

先生――そう、条約の規範力を強めるためにも、もっともっと批准国が増えないといけないね。条約の第12条には、「締約国は本条約の非締約国に対し、全ての国の普遍的な支持という目標に向け条約の署名、批准、受諾、承認、加盟を促す」と決められている。「署名」っていうのは、その条約の内容を検討して賛意を示すことで、それだけじゃまだ加盟できない。批准、受諾、承認、加盟は同等で、前に説明したように、日本の場合なら「批准」には天皇の認証が必要だが、「受諾」や「承認」はその手続きを省略できる。「加盟（加入）」はすでに発効済みの条約に加わる場合だね。

Ｋ君――50か国が批准した後、90日後に発効するというのは第何条で決まっているのでしょうか？

先生――第15条だね。「本条約は50か国が批准、受諾、承認、加盟の文書を寄託してから90日後に発効する」と決められており、第19条に「国連事務総長は本条約の寄託者である」と規定されている。つまり、加盟したい国は、国連事務総長に批准、受諾、承認、加盟の文書を送付することによって加盟できる。最初に批准した50か国は以下のとおりだ。

アンティグア・バーブーダ、オーストリア共和国、バングラデシュ人民共和国、ベリーズ、ボリビア多民族国、ボツワナ共和国、クック諸島、コスタリカ共和国、キューバ共和国、ドミニカ共和国、エクアドル共和国、エルサルバドル共和国、フィジー共和国、ガンビア共和国、ガイアナ共和国、バチカン、ホンジュラス共和国、アイルランド、ジャマイカ、カザフスタン共和国、キリバス共和国、ラオス人民民主共和国、レソト王国、マレーシア、モルディブ共和国、マルタ共和国、メキシコ合衆国、ナミビア共和国、ナウル共和国、ニュージーランド、ニカラグア共和国、ナイジェリア連邦共和国、ニウエ、パラオ共和国、パナマ共和国、パラグアイ共和国、セントクリストファー・ネービス、セントルシア、セントビンセント及びグレナディーン諸島、サモア独立国、サンマリノ共和国、南アフリカ共和国、パレスチナ、タイ王国、トリニダード・トバゴ共和国、ツバル、ウルグアイ東方共和国、バヌアツ共和国、ベネズエラ・ボリバル共和国、ベトナム社会主義共和国、ザンビア共和国

K君が知らない国もいくつもあるんじゃないかな。例えば「ニウエ」という国は2015年5月15日、国連に加盟した一番新しい国で、日本がニウエを国家として認めたのもその日だ。総人口は1520人という小さな国だが、1994年には国連事務局が「ニウエの完全な条約締結能力」を認めているし、インドや中国とも外交関係をもつ一つの国だね。国連憲章第18条の1項には、「総会の各構成国は1個の投票権を有する」と決められており、国の大小とは関係なく1票を行使できる。

K君――すごいですね。ところで、加盟した国がこの条約から脱退することもできるんですか?

先生――もちろん。ただ、結構厳しい。第17条に「脱退」の規定があって、「締約国は本条約に関連した事項が最高度の国益を損なうような特別の事態が発生したと判断した場合、国家主権を行使しながら、本条約脱退の権利を有する」とある。そういう場合には国連事務総長に「脱退を通告する」ことになっているんだが、「最高度の国益が脅かされるとみなす特別な事態」についてちゃんと説明しないといけないね。脱退は国連事務総長が通告を受け取ってから1年後だ。しかし、12か月たってもその国が武力紛争に関わっている場合には、武力紛争が終わるまで条約の義務を負うことになってる。

❹核兵器禁止条約の効果を高めるために

核保有国の市民に非人道性をアピールしよう

K君―なるほど。結局、この条約はどう評価したらいいんでしょう?

先生―それは、K君にも考えてほしい問題だが、この本の「まえがき」で紹介した立命館大学国際平和ミュージアムの館長・名誉館長声明にもあるとおり、「核兵器禁止条約の発効は、核軍縮史の画期をなすもの」であり、「条約発効に必要な50か国が核兵器の全面禁止を求める条約を批准したという事実は、核兵器による威嚇やその実戦使用への誘惑に対する大きな抑止効果をもつ」ことは確かだね。長年にわたって「核兵器のない世界」を求めてきた市民運動にとっても、核兵器を全面的に禁止する条約をつくったことは、成果に違いない。被爆者の叫びを踏まえた世界の反核世論の意志を結晶化させたものとして、運動に取り組んできた人々にも自信を与えただろうね。

しかし、一方では、核兵器をなくすことを目的としている条約でありながら、核保有国が加盟していないという現状では効果を上げることができないことも明らかだ。よく「理想主義」と「現実主義」の対立の構図だと言われるように、「核抑止論を土台に核安全保障政策を採用している陣営」と、「核兵器の非人道性を踏まえて核兵器の廃絶を要求する陣営」の対決点だね。かつて、国連事務次長を務めた明石康さんは、京都で開かれた国連関係の会議で、「今日の理想は明日の現実になる」と言ったんだが、核兵器禁止条約は、核被害者の非人道的な体験をもとに非核保有国と市民運動が、未来に向かって世界が進むべき「理想」を明示した。一方、核兵器にしがみついた核保有国は、互いに敵対し、牽制しながら、核抑止論という危険な理論によって同盟国をも「核の傘」で覆い、核対決の危険な「現実」をつくり出してきた。確かに「理想」と「現実」の対決だね。K君は「現実だから仕方がない」と考えて、非核の世界を追い求めることを諦めますか?

K君――そうはしたくありません。僕に何ができるかを考えて、やはり「核のない世界」の理想に向かって少しでも努力したいと思います。僕は「微力であっても無力ではない」という言葉を信じたいと思います。

先生――そこで、核兵器禁止条約を実効あるものに変えていくには、どうすればいいのかということだね。

K君――まさにそれを知りたいんです。

先生――三つあると、僕は思う。

第一は、中国や北朝鮮では難しいけど、まがりなりにも国民が政府を選び取れる民主的な政治制度がある国の場合には、僕たちがその国の反核・平和運動と協力して、核兵器の非人道性をもっともっと市民たちにリアルに訴えて、「核兵器による安全保障政策」を主張するような政治勢力を支持しない流れをつくることだろうね。核保有国政府に直接訴えかけても、核安保政策をいきなり変えるなんていることはあり得ないから、主権者である国民に働きかけて、「なぜ、核兵器による安全保障をかかげる政府を支持するのか？」って問いかけることです。あるいは、「突きつける」といってもいいね。

核保有国の市民は核兵器のことをよく知ったうえで政府の核政策を支持しているのかというと、残念ながらそんなことはない。前にも言ったとおり、核抑止論を振りかざす政府は、いざという時に核兵器を使うことを前提としている訳だから、「核兵器は使える兵器だ」と国民に思わせておかなければならない。したがって、核兵器の非人道性なんて学校教育でも教えないし、社会人がそういうことを学ぶ社会教育の機会も積極的にはつくらない。広島・長崎の核兵器被害のことなんか意外なほど知らないんだね。彼らに、「核に依存した安全保障政策を問い直す必要がある」という意識をもってもらうことが何よりも大切だね。

政府は国民の支持を失うことが一番怖い。有権者が被爆者の証言に耳を傾け、核兵器使用がもたらす非人道的実態を知れば、このような凶悪な兵器に依存して安全保障政策を展開することにおのずから疑問をもつでしょう。核保有国の政権は、核保有政策を選挙の主要争点にするようなことはない。それは「非核の世界」こそが核兵器の憂いのない世界だと気づいた人々によって争点化されなければならないだろうね。

K君——そのためには僕たち自身が核兵器のことをもっと知らなければならないですね。先生は「中国や北朝鮮では難しい」と言われましたが、それらの国はどうすればいいでしょうか?

先生——日本が侵略的な戦争をしかけた近隣諸国では、日本への原爆投下を喜んだ人たちがいたことはすでに話題にしたね。そういう時代への真剣な反省がないままに広島・長崎の原爆投下の非人道性だけをアピールしようとしても、なかなか聞いてもらえない。K君のような若い人々に直接の戦争責任はないけど、日本政府があの戦争について真剣に向き合うように働きかけることができるのは、K君や僕のような「現代を生きる日本国民」です。戦争による被害の問題だけでなく、近隣諸国に対する加害の問題にも目を向けて、中国の人々とも対話のできる素地をつくることが必要だと思う。立命館大学の国際平和ミュージアムは、すでに説明したように、「被害」の側面だけじゃなく「加害」の側面も展示している。中国の「南京虐殺紀念館」(侵華日軍南京大屠殺遇難同胞記紀念館)とも協力関係をもってきたんだけど、以前、「日本で南京事件の展示をやるから、中国で原爆展をやってもらえないか」と提案した時、前半はOKだが後半が難しい。中国は核保有国だし、国家主導の政治の実態からすると国の核政策批判になりかねないことに取り組めば抑圧される恐れがある。民主主義が機能しない国の場合、直接人々に核兵器の非人道性をアピールする機会をつくりにくいね。北朝鮮の場合はもっと極端だ。

中国でも「アメリカの核兵器は張り子の虎に過ぎない」というような教育がされてきたので、国境をまたいで飛んでいく電波を通じて核兵器の非人道性をアピールするような若い人たちの取り組みはとても大事だと思う。

K君―核なき世界に向かうための主導権を持っているのはどの国でしょうか。

先生―僕は、アメリカとロシア、とくにアメリカの核兵器政策が変わってくれば、中国や北朝鮮が核兵器に固執し続ける状況は変わってくると思うね。アメリカ、ロシア、イギリス、フランス、中国の五つの核兵器国のうち、核兵器を先に使わないという「核兵器先制不使用」を宣言しているのは中国だけだね。1964年10月の最初の核実験直後から、一貫して「いかなる場合でも核兵器を先に使用しない」という無条件の核兵器先制不使用を宣言してきた。北朝鮮も2016年の第7回労働党大会で「核兵器先制不使用」の方針を明らかにしたが、なにしろ何をやり出すか分からない国だというので、疑惑の目が向けられている。しかし、仮に北朝鮮がアメリカに先制核攻撃を仕掛けたりしたら、それこそ核戦力が圧倒的に大きいアメリカからとんでもない核報復攻撃があるだろうことは容易に想像できるから、いくら何でも北朝鮮の側から先制核攻撃を仕掛けるのは考えにくい。とにかく、アメリカを中心とする核超大国の政策が変われば、中国・北朝鮮だけ核兵器政策をエスカレートする状況はなくなると思うね。その意味では、何と言ってもアメリカの核政策に反対する人々を生み出すことが必要だろうね。

前にも紹介した「平和・軍縮・共通安全保障キャンペーン」代表のジョセフ・ガーソンさんは、アメリカフレンズ奉仕委員会の軍縮コーディネーターや国際平和ビューロー副代表も務めているアメリカ屈指の反核・平和活動家だが、「明らかに私たちアメリカ市民には、世界で最も危険な国の政策やドクトリン、行動を変化させる道義的な責任がある。『核兵器なき世界』をもたらすとした核不拡散条約（ＮＰＴ）の約束や、２０１０年のＮＰＴ再検討会議で再確認された『核兵器の全面廃絶に対する核兵器国の〈明確な約束〉』を含む核軍縮のための合意を尊重し、実現しなくてはならない」と述べている。アメリカ市民の中にも、自国の核政策に疑問をもつ人々がたくさんいるので、Ｋ君たち若い世代もぜひ連携してアピールし、そういう人々の声を多数派に変えることに貢献してほしいね。

批准国をもっと増やす働きかけをしよう

Ｋ君―やっぱり、英語勉強しなくちゃなあ。ところで、先生、核兵器禁止条約を効果あるものに変えていくには「三つの道」があると言われましたが、二番目は何でしょうか？

先生―この対話の初めの方で、核兵器禁止条約の規範力について話したね。

Ｋ君―はい。「核兵器禁止条約に反するようなことをしたら国際社会から袋叩きにあうから核兵器を使うのはやめよう」というように、条約が核保有国の手かせ足かせになるような規制力をもつことですね。

先生——核兵器禁止条約の規範力を高めるためには、やっとこさっとこ発効に必要な50か国が批准したと言って喜んでるだけじゃどうしようもない。核保有国とその「核の傘」の庇護《ひご》のもとにある国以外は圧倒的に核兵器禁止条約に加盟してる状況をつくらないとダメだね。少なくとも、この条約が2017年7月7日に国連で採択された時は122か国が賛成した。だから、賛成はしたがまだ条約に加盟していない国々に「頑張って批准して下さい」って訴えかける必要がある。

K君——なるほど。条約内容に賛成なら「国の意志として条約に加盟して下さい」って働きかける活動ですね。

先生——そう。そういう国々の政府に署名や手紙やメールや大使館への訪問などを通じて働きかけて、励ますことが大切だろうね。もちろん、そういう国の市民たちに、「私たちはあなたの国の核兵器禁止条約への加盟を注目してます」ってアピールすることも大いに意味があるね。

「署名」は「国家の代表者が条約の内容に合意すること」だが、「批准」は「国家として条約を締結する意思を議会の承認を得て最終的に決定すること」だったね。もちろん、国家の代表が条約草案の議論にあたって全く個人的な見解で賛成してきたなんていうことは普通はあり得ない。その問題についての議会での議論や、政府内部での認識共有などを踏まえて代表として派遣される訳だから、根本的な対立はないかもしれないが、やっぱりその国の最高議決機関で決定するにはそれなりの手間や時間がかかるね。どこの国に働きかけるか、みんなで調べてユニークな方法を考えてみて下さい。

K君―具体的に国を決めて取り組むのは楽しそうですね。

被爆者やNGOと連携して政府をただす勇気を

先生―第三には、アメリカの「核の傘」のもとにある日本政府への働きかけを被爆者、被爆二世、三世、さまざまな反核・平和団体と共同していっそう強めることでしょうね。日本にいる私たちの最も大事な責務というべきかな。これは言うまでもなく、第一の課題と不可分の問題だね。だから、ガーソンさんのようなアメリカ国民ともしっかり手を結ぶ必要がある。

僕は30年近く前、ガーソンさんの「アメリカフレンズ奉仕委員会」に呼ばれて、12日間で西海岸から東海岸に至るアメリカの九つの都市をめぐりながら、「日米軍事同盟の実態と今後の日米関係」みたいな講演旅行をやらされたことがある。とにかく毎日飛び回っている超多忙な旅だったね。ガーソンさんは、アメリカと日本の核問題や原発問題を考えるとき、一番本質的な問題は「日米核軍事同盟」だという認識をもっていて、日米同盟をテーマに問題提起してほしいということだった。

日米は1945年の時点では「原爆投下国」と「被爆国」の関係にあり、投下した方は余りに非人道的な被害実態を隠したがる傾向があるし、被爆した側は「いくら戦時とはいえ、これは使ってはならない悪魔の兵器だ」とアピールしたい。だが、そこに「戦勝国」と「敗戦国」という関係が重なり、プレスコード（報道管制）が敷かれて原爆被害を言えなくなった。おまけに1951年、サンフランシスコ平和条約で連合国軍の占領が解かれ、いよいよ日本の主権が認められる日が来たと思ったら、それと同時に日米安全保障条約が結ばれて日米関係は軍事同盟の「親分」と「子分」の関係になってしまった。核兵器を投下した世界最強の核保有国が核兵器を投下された国・日本に「核の傘」をさしかけて、「核で守ってあげるんだから、核兵器禁止なんて言っちゃダメだよ」と釘を刺した。やっかいだねえ。

こうして世界最初の核兵器被害の国でありながら政治的には核超大国に従属するという、非常に矛盾に満ちた関係ができた訳だね。これを将来に向かって是正できるのは、K君たち世代でしょう。そのためには、この矛盾が被爆者にとって、沖縄をはじめとする基地を抱えた地域の人々にとって、また、「被爆国」でありながら素直に「核兵器廃絶」を叫べないわれわれにとってどんなに酷いものか、それを認識することはとても大事なことだと思います。

ガーソンさんは、「真実は、それが粘り強い勇気と非暴力の行動に支えられたとき、すべての嘘と日米両政府のごまかしを打ち破るものです」と述べているが、K君たちの勇気と行動に期待したいな。

K君――沖縄の多くの人たちが米軍犯罪や普天間基地移設問題で怒っていることと、日本政府が被爆国でありながら簡単に「核兵器ノー」と言えないこととはつながっているんですね。

先生――一方で日米戦後現代史を学びながら、もう一方で核兵器の非人道性をみっちり学んで、核兵器という大量破壊兵器がもつ特殊性をしっかり理解してほしいな。そして、その知識をK君世代の若い発想力、想像力で魅力的な情報に変えて、積極的に内外に発信してほしい。僕のような年寄りは、どうしても発想が古くてありきたりになりがちだから、K君世代には「こんな非常識なことをやっちゃいけないだろう」なんていう「しばり」を設けずに、自由に発想してほしい。

２０２０年秋、僕が代表を務めていた「平和のための博物館国際ネットワーク」が、京都精華大学国際マンガ研究センターや国際マンガミュージアムと協力して、「マンガ・パンデミックＷＥＢ展」を企画し、世界中から新型コロナウイルス感染症をテーマにした漫画作品をプロ・アマを問わず募集したんだけど、50か国以上の３４０人を超える作家から千点を超える応募があった。ビックリしたね。しかも、大部分のマンガは言葉がなくても普遍的な人間の所作として理解できる。通じるんだよね。

K君世代には是非、英語もうんと勉強してもらって、被爆者証言などに英語の訳をつけたりして国際化する仕事に力を入れてほしいが、あわせて、核兵器の非人道性について言語を超えた普遍的な心の響き合いも追求してほしいね。被爆80年に「国際被爆マンガ展」や「反核音楽コンペ」や「原爆アートコンテスト」を開くのもいいだろうし、犠牲者が30万以上に及んだ広島・長崎の原爆犠牲者を念頭に、どこかニューヨークとかジュネーブとか東京とかエジプトとかにみんながきれいな小石を30万個持ち寄って「反核ピラミッド」をつくってもいいし、大きな展示会場に参観者が顔写真を持ち寄って30万枚貼り付け、原爆犠牲者の数を実感する試みもいい。K君世代なら、企画意図はまじめだが表現方法はもっと多様で楽しい方法をいくらでも考えられるでしょう。是非お願いしたいのは、若い世代がちょっと手を貸して、「被爆問題ウェブセミナー」とか「オンライン証言会」とか、どんどんやってほしい。そして、核問題への認識を広め、深めながら、国会議員も巻き込んで国政のステージともつながり、これからの日本のあり方について認識を共有できるようになれば素晴らしいと思う。

K君――なんとなくそういう企画を立てるのが楽しみになりました。

先生――「根はまじめに、表現形態は自由自在に」――これが僕のモットーです。

K君――今日はありがとうございました。核兵器をめぐる世界の大きな脈動みたいなものを感じました し、僕らも世界の毛細血管の赤血球になって少しでも生きる力を伝えたいと思います。

あとがき

筆者が傘寿には不相応に多忙を極めたこともあって、本書の執筆にやや手間取ったが、何と言っても核兵器禁止条約の批准の進展に「置いてきぼり」にされる訳にはいかないという焦燥感があった。「ステイ・ホーム」が勧められる中で運動不足になるわが身を励ましながら、なんとか「K君と先生の対話録」の形で全編をつらぬき通して書き上げた。

最初はこうした形式を前提としていなかったが、書き始めてみたら筆が勝手に走り出した。編集担当の樋口修さんは序章の原稿を読んで、この「対話エネルギー」を筆者が持続できるかどうか、少し心配したらしい。編集方針を著者が勝手に変えて書き続けるのを、編集者は少しも騒がずに見守って頂いた。そのことに、まず、心より感謝したい。

核兵器禁止条約は、まさに、核兵器の廃絶を望む人々が追い求めてきたことであり、その発効条件の達成は、新型コロナウイルス感染症に苛まれた2020年の明るいニュースだった。

1992年、私が立命館大学国際平和ミュージアムの館長代理に就任した年、田中栄治課長（現在、日本ベトナム友好協会京都支部事務局長）ともども準備したささやかな展示の中に、「核兵器使用禁止条約（案）討議案」という資料があった。これは、今から45年前の1976年8月1日に第22回原水爆禁止世界大会で発表された国際法の専門家たちの草案で、田畑茂二郎（京都大学名誉教授）、宮崎繁樹（明治大学教授）、寺沢一（東京大学教授）、山手治之（立命館大学教授）、松井芳郎（名古屋大学教授）、藤田久一（関西大学助教授）、平野義太郎（ドイツ・フンボルト大学名誉法学博士）というそうそうたるメンバーによる共同提案だった。

この条約案の前文には、「核兵器完全禁止が、世界平和と全般的軍縮への道を切り開くことを確信し（中略）、ただ2発の小型原子爆弾が広島と長崎で使用された結果、この二つの中規模都市に完全なみな殺しと破壊がもたらされたばかりでなく、その性質において無差別的であり、不必要な苦痛を引き起こし、さらに今や、被爆者の二世までもその苦しみにまきこみ、年毎に苦しむ人々が増加している事実、そしてまた、もし現在の状態のもとで使われたならば、はなはだしく残酷な苦痛の中で数十億の人びとが絶滅するというさし迫った危険について明らかに認識し（中略）、1961年、国連はすでにその総会において核兵器使用禁止決議をおこなっていることを想起」することが述べられている。そして、第1条「本条約の加盟国は、核兵器の使用は、いかなる状況下においても、人類に対する犯罪であるとともに、国際憲章に反し、国際法の原則と規定に反するものであることを宣言し、これを禁止する」、第2条「本契約（ママ）の加盟国は、核兵器の使用とそれによる威嚇を許さないために、世界の人民および各国とともにあらゆる協力をおこなう責任を負うものとする」、第3条「本契約（ママ）は、核兵器の使用、実験、製造、貯蔵を禁止する国際条約の発効に伴って、また一切の核保有国の兵器庫から、核兵器が完全に廃棄された時点においてその効力を失うものとする」などと定めている。

ここに見るように、今回発効を迎えた核兵器禁止条約は、数十年にわたる先見性のある法律家たちの努力の結果でもあり、関係者の達成感は極めて大きいものがあろう。

一方、本書の対話でも触れたように、条約の規制力は当然のことながら当該条約の加盟国にしか及ばない。核保有国が一国も加盟していない核兵器禁止条約は、直接的にはそれ自体では一発の核兵器を減らすこともできないが、もしも核兵器禁止条約の締約国が国連加盟国の圧倒的多数になれば、それがもつ規範力は決して小さくはないだろう。

私たちは、ここで立ち止まっている訳にはいかないことは余りにも明らかである。「老兵」の域に達しつつある筆者は、「K君」を想定して思うところを語った。K君には迷惑だったかもしれないが、K君という見えない相棒がいて初めてこのような読本が可能になったものであり、K君には深く感謝したい。

筆者の希望はK君のような若い人々が「根はまじめに、表現形態は自由自在に」反核・平和運動のステージで斬新なパフォーマンスを見せてくれることであり、それを楽しみにしている。

かもがわ出版の樋口修さんには企画立案段階から筆者を刺激し、見守り、励まして頂いたことに深く感謝したい。

2021年1月22日

安斎　育郎

●核兵器の禁止に関する条約(Treaty on the Prohibition of Nuclear Weapons:TPNW) 2017年7月7日採択、2021年1月22日発効

この条約の締約国は、国際連合憲章の目的及び原則の実現に貢献することを決意し、あらゆる核兵器の使用から生ずる壊滅的で非人道的な結末を深く憂慮し、したがって、いかなる場合にも核兵器が再び使用されないことを保証する唯一の方法として、核兵器を完全に廃絶することが必要であることを認識し、事故、誤算又は設計による核兵器の爆発から生じるものを含め、核兵器が継続して存在することがもたらす危険に留意し、また、これらの危険が全ての人類の安全に関わること及び全ての国があらゆる核兵器の使用を防止するための責任を共有することを強調する。(段落に修正)

核兵器の壊滅的な結末は、十分に対応することができず、国境を越え、人類の生存、環境、社会経済開発、世界経済、食糧安全保障並びに現在及び将来の世代の健康に重大な影響を及ぼし、及び電離放射線の結果によるものを含め女子に対し均衡を失した影響を与えることを認識し、核軍備の縮小が倫理上必要不可欠であること並びに国家安全保障上及び集団安全保障上の利益の双方に資する最上位の国際的な公益である核兵器のない世界を達成し及び維持することの緊急性を認め、核兵器の使用の被害者(被爆者)が受けた又はこれらの者に対してもたらされた容認し難い苦しみ及び害並びに核兵器の実験により影響を受けた者の容認し難い苦しみに留意し、核兵器に関する活動が先住民にもたらす均衡を失した影響を認識する。(同)

全ての国が、国際人道法及び国際人権法を含む適用可能な国際法を常に遵守する必要性を再確認し、国際人道法の諸原則及び諸規則、特に武力紛争の当事者が戦闘の方法及び手段を選ぶ権利は無制限ではないという原則、区別の規則、無差別な攻撃の禁止、攻撃における均衡性及び予防措置に関する規則、その性質上過度の傷害又は無用の苦痛を与える武器の使用の禁止並びに自然環境の保護のための規則に立脚し、あらゆる核兵器の使用は、武力紛争の際に適用される国際法の諸規則、特に国際人道法の諸原則及び諸規則に反することを考慮し、あらゆる核兵器の使用は、人道の諸原則及び公共の良心にも反することを再確認する。（同）

諸国が、国際連合憲章に従い、その国際関係において、武力による威嚇又は武力の行使を、いかなる国の領土保全又は政治的独立に対するものも、また、国際連合の目的と両立しない他のいかなる方法によるものも慎しまなければならないこと並びに国際の平和及び安全の確立及び維持が世界の人的及び経済的資源の軍備のための転用を最も少なくして促進されなければならないことを想起し、また、1946年1月24日に採択された国際連合総会の最初の決議及び核兵器の廃絶を要請するその後の決議を想起し、核軍備の縮小の進行が遅いこと、軍事及び安全保障上の概念、ドクトリン及び政策において核兵器への依存が継続していること並びに核兵器の生産、保守及び近代化のための計画に経済的及び人的資源が浪費されていることを憂慮し、法的拘束力のある核兵器の禁止は、不可逆的な、検証可能なかつ透明性のある核兵器の廃棄を含め、核兵器のない世界を達成し及び維持するための重要な貢献となることを認識し、また、その目的に向けて行動することを決意する。（同）

厳重かつ効果的な国際管理の下における全面的かつ完全な軍備の縮小に向けての効果的な進展を図ることを決意し、厳重かつ効果的な国際管理の下で全ての側面における核軍備の縮小をもたらす交渉を誠実に行い、終了する義務が存在することを再確認し、また、核軍備の縮小及び不拡散に関する制度の基礎である核兵器の不拡散に関する条約の完全かつ効果的な実施が、国際の平和及び安全の促進において不可欠な役割を果たすことを再確認し、包括的核実験禁止条約及びその検証制度が核軍備の縮小及び不拡散に関する制度の中核的な要素として極めて重要であることを認識し、関係地域の諸国の任意の取極に基づく国際的に認められた核兵器のない地域の設定は、世界的及び地域的な平和及び安全を促進し、核不拡散に関する制度を強化し、及び核軍備の縮小という目的の達成に資するとの確信を再確認する。（同）

この条約のいかなる規定も、無差別に平和的目的のための原子力の研究、生産及び利用を発展させることについての締約国の奪い得ない権利に影響を及ぼすものと解してはならないことを強調し、男女双方の平等、完全かつ効果的な参加が持続可能な平和及び安全の促進及び達成のための不可欠の要素であることを認識し、また、核軍備の縮小への女子の効果的な参加を支援し及び強化することを約束し、また、全ての側面における平和及び軍備の縮小に関する教育並びに現在及び将来の世代に対する核兵器の危険及び結末についての意識を高めることの重要性を認識し、また、この条約の諸原則及び規範を普及させることを約束し、核兵器の全面的な廃絶の要請に示された人道の諸原則の推進における公共の良心の役割を強調し、また、このために国際連合、国際赤十字・赤新月運動、その他国際的な及び地域的な機関、非政府機関、宗教指導者、議会の議員、学者並びに被爆者が行っている努力を認識して、次のとおり協定した。

第1条〔禁止〕

1　締約国は、いかなる場合にも、次のことを行わないことを約束する。

（a）核兵器その他の核爆発装置を開発し、実験し、生産し、製造し、その他の方法によって取得し、占有し、又は貯蔵すること。

（b）核兵器その他の核爆発装置又はその管理をいずれかの者に対して直接又は間接に移譲すること。

（c）核兵器その他の核爆発装置又はその管理を直接又は間接に受領すること。

（d）核兵器その他の核爆発装置を使用し、又はこれを使用するとの威嚇を行うこと。

（e）この条約によって締約国に対して禁止されている活動を行うことにつき、いずれかの者に対して、援助し、奨励し又は勧誘すること。

（f）この条約によって締約国に対して禁止されている活動を行うことにつき、いずれかの者に対して、援助を求め、又は援助を受けること。

（g）自国の領域内又は自国の管轄若しくは管理の下にあ

るいずれかの場所において、核兵器その他の核爆発装置を配置し、設置し、又は展開することを認めること。

第2条〔申告〕

1　締約国は、この条約が自国について効力を生じた後30日以内に、国際連合事務総長に対して申告を行うものとし、当該申告において、

（a）この条約が自国について効力を生ずる前に、自国が核兵器その他の核爆発装置を所有したか否か、占有したか否か又は管理したか否か及び自国の核兵器計画を廃止したか否か（全ての核兵器関連施設の廃棄又は不可逆的な転換を含む。）を申告する。

（b）前条（a）の規定にかかわらず、自国が核兵器その他の核爆発装置を所有するか否か、占有するか否か又は管理するか否かを申告する。

（c）前条（g）の規定にかかわらず、自国の領域内又は自国の管轄若しくは管理の下にある場所に、他の国によって所有され、占有され又は管理される核兵器その他の核爆発装置が存在するか否かを申告する。

2　国際連合事務総長は、受領した申告の全てを全締約国に送付する。

第3条〔保障措置〕

1　次条1又は2の規定が適用されない締約国は、少なくとも、この条約が効力を生ずる時に効力を有している国際原子力機関の保障措置の義務を維持する。ただし、当該締約国が将来追加的な関連文書を採択することを妨げない。

2　次条1又は2の規定が適用されない締約国であって、国際原子力機関との間で包括的な保障措置協定（INFCIRC／153＝訂正されたもの）を締結しておらず、また、当該協定を実施していないものは、同機関との間で当該協定を締結し及び実施する。当該協定の交渉は、この条約が当該締約国について効力を生じた時から180日以内に開始しなければならない。当該協定は、この条約が当該締約国について効力を生じた時から18箇月以内に効力を生ずるものとする。当該締約国は、その後は、その義務を維持する。ただし、当該締約国が将来追加的な関連文書を採択することを妨げない。

第4条〔核兵器の全面的な廃絶に向けて〕

1　2017年7月7日後に核兵器その他の核爆発装置を

所有し、占有し又は管理した締約国であって、この条約が自国について効力を生ずる前に自国の核兵器計画を廃止（全ての核兵器関連施設の廃棄又は不可逆的な転換を含む。）したものは、当該計画の不可逆的な廃止を検証するため、6の規定に従って指定される権限のある国際的な当局と協力する。権限のある国際的な当局は、全締約国に報告する。前記の締約国は、申告された核物質が平和的な原子力活動から転用されていないこと及び当該締約国全体において申告されていない核物質又は活動が存在しないことについての確証を与える上で十分な保障措置協定を国際原子力機関との間で締結する。当該協定の交渉は、この条約が当該締約国について効力を生じた時から１８０日以内に開始しなければならない。当該協定は、この条約が当該締約国について効力を生じた時から18箇月以内に効力を生ずるものとする。当該締約国は、その後、少なくともこれらの保障措置の義務を維持する。ただし、当該締約国が将来追加的な関連文書を採択することを妨げない。

2　第1条（a）の規定にかかわらず、核兵器その他の核爆発装置を所有し、占有し又は管理する締約国は、それらを運用状態から直ちに撤去し、また、できる限り速やかに、遅くとも締約国の第一回会合が決定する期限までに、自国の核兵器計画の検証されたかつ不可逆的な廃止（全ての核兵器関連施設の廃棄又は不可逆的な転換を含む。）のための法的拘束力を有し、期限が定められた計画に従い、それらを廃棄する。当該締約国は、この条約が自国について効力を生じた後60日以内に、全締約国又は全締約国により指定される権限のある国際的な当局に対し、当該計画を提出する。当該計画については、権限のある国際的な当局と交渉し、当該当局により、締約国の次の会合又は次の検討のための会議のいずれか早い時期に開催されるものに、その手続規則に従い、承認のため提出される。

3　2の規定の適用を受ける締約国は、申告された核物質が平和的な原子力活動から転用されていないこと及び当該締約国全体において申告されていない核物質又は活動が存在しないことについての確証を与える上で十分な保障措置協定を国際原子力機関との間で締結する。当該協定の交渉は、2に規定する計画の実施が完了する日までに開始しなければならない。当該協定は、交渉の開始の日の後18箇月以内に効力を生ずるものとする。当該締約国は、その後、少なくともこれらの保障措置の義務を維持する。ただし、当該締約国が将来追加的な関連文書を採択することを妨げない。この3に規定する協定が効力を生じた後、当該締約国は、国際連合事務総長に対し、自国がこの条に基づく義務を履行した旨の最終的な申告を行う。

4　第1条（b）及び（g）の規定にかかわらず、自国の領域内又は自国の管轄若しくは管理の下にあるいずれかの場所において、他の国が所有し、占有し又は管理する核兵器その他の核爆発装置を有する締約国は、できる限り速やかに、遅くとも締約国の第一回会合が決定する期限までに、当該核兵器の速やかな撤去を確保する。当該核兵器その他の核爆発装置が撤去されたときは、当該締約国は、国際連合事務総長に対し、自国がこの条に基づく義務を履行した旨の申告を行う。

5　この条の規定の適用を受ける締約国は、この条の規定に基づく自国の義務を履行するまでの間、当該義務の実施の進捗状況に関する報告書を締約国の各会合及び検討のための各会議に提出する。

6　全締約国は、1から3までの規定に従い核兵器計画の不可逆的な廃止（全ての核兵器関連施設の廃棄又は不可逆的な転用を含む。）について交渉し及び検証するための一又は二以上の権限のある国際的な当局を指定する。1又は2の規定の適用を受ける締約国についてこの条約が効力を生ずる前にそのような指定が行われなかった場合には、国際連合事務総長は、必要な決定を行うため、締約国の特別会合を招集する。

第5条　［国内の実施］

1　締約国は、この条約に基づく自国の義務を履行するために必要な措置をとる。

2　締約国は、この条約によって締約国に対して禁止されている活動であって、自国の管轄若しくは管理の下にある者によるもの又は自国の管轄若しくは管理の下にある領域におけるものを防止し、及び抑止するため、立法上、行政上その他のあらゆる適当な措置（罰則を設けることを含む。）をとる。

第6条　［被害者に対する援助及び環境の修復］

1　締約国は、自国の管轄の下にある個人であって核兵器の使用又は実験によって影響を受けるものについて、適用可能な国際人道法及び国際人権法に従い、差別なく、年齢及び性別に配慮した援助（医療、リハビリテーション及び心理的な支援を含む。）を適切に提供し、並びにそのような個人が社会的及び経済的に包容されるようにする。

2　締約国は、核兵器その他の核爆発装置の実験又は使用に関連する活動の結果汚染された地域であって、自国の管轄又は管理の下にあるものについて、当該汚染された地域の環境を修復するため必要かつ適切な措置をとる。

3　1及び2の規定に基づく義務は、国際法又は二国間の協定に基づく他国の責務及び義務に影響を及ぼすものではない。

第7条［国際的な協力及び援助］

1　締約国は、この条約の実施を容易にするため、他の締約国と協力する。

2　締約国は、この条約に基づく義務を履行するに当たり、実行可能な場合には、他の締約国の援助を求め及び受ける権利を有する。

3　援助を提供することのできる締約国は、核兵器の使用又は実験によって影響を受けた締約国に対し、この条約の実施を推進するための技術的、物的及び財政的援助を提供する。

4　援助を提供することのできる締約国は、核兵器その他の核爆発装置の使用又は実験による被害者に対し、援助を提供する。

5　この条の規定に基づく援助は、特に、国際連合及びその関連機関、国際的な、地域的な若しくは国の機関、非政府機関、赤十字国際委員会、国際赤十字・赤新月社連盟又は各国の赤十字社及び赤新月社を通じて又は二国間で提供することができる。

6　核兵器その他の核爆発装置を使用し又は実験を行った締約国は、国際法に基づく当該締約国の他の責務又は義務に影響を及ぼすことなく、被害者に対する援助及び環境の修復のため、影響を受けた締約国に対して十分な援助を提供する責任を有する。

第8条［締約国の会合］

1　締約国は、この条約の関連規定に従って、この条約の適用又は実施に関する次の事項を含む問題について検討するため及び必要な場合には決定を行うため、並びに核軍備の縮小のために更にとるべき措置に関し、定期的に会合する。

（a）この条約の実施及び締結状況

（b）核兵器計画の検証された、期限が定められた、かつ、不可逆的な廃止のための措置（この条約の追加的な議定書を含む。）

（c）この条約の規定に基づくその他の事項及びこの条約の規定に合致するその他の事項

2　締約国の第一回会合については、この条約が効力を生じた後1年以内に国際連合事務総長が招集する。締約国間において別段の合意がある場合を除くほか、更なる締約国の会合は、2年ごとに同事務総長が招集する。締約国の会合は、第一回会合において手続規則を採択する。手続規則が採択されるまでの間、核兵器の全面的な廃絶に向けた核兵器を禁止するための法的拘束力のある文書について交渉するための国際連合会議の手続規則を適用する。

3　締約国の特別会合は、必要と認められるときには、いずれかの締約国から書面による要請がある場合において締約国の少なくとも三分の一がその要請を支持するときに国際連合事務総長が招集する。

4　この条約が効力を生じた日から5年の期間の満了の後、国際連合事務総長は、この条約の運用及びこの条約の目的の達成についての進捗状況を検討するための会議を招集する。同事務総長は、締約国間において別段の合意がある場合を除くほか、同様の目的を有する検討のための会議を6年ごとに更に招集する。

5　締約国の会合及び検討のための会議には、この条約の締約国でない国並びに国際連合及びその関連機関の関連する主体、その他関連する国際的な機関、地域的な機関、赤十字国際委員会、国際赤十字・赤新月社連盟並びに関連する非政府機関をオブザーバーとして出席するよう招請する。

第9条［費用］

1　締約国の会合、検討のための会議及び締約国の特別会合の費用については、適切に調整された国際連合の分担率に従い、締約国及びこれらの会議にオブザーバーとして参加するこの条約の締約国でない国が負担する。

2　第2条の規定に基づく申告、第4条の規定に基づく報告及び第10条の規定に基づく改正案の配布に当たって国際連合事務総長が要する費用は、適切に調整された国際連合の分担率に従って締約国が負担する。

3　第4条の規定に基づいて要求される検証措置の実施に関連する費用並びに核兵器その他の核爆発装置の廃棄及び核兵器計画の廃止（全ての核兵器関連施設の廃棄又は転換を含む。）に関連する費用は、これらの適用を受ける締約国が負担する。

第10条〔改正〕

1　いずれの締約国も、この条約が効力を生じた後いつでもこの条約の改正を提案することができる。改正案については、国際連合事務総長に通報するものとし、同事務総長は、当該改正案を全ての締約国に通報し、当該提案を検討すべきか否かについての締約国の見解を求める。締約国の過半数が当該提案を更に検討することを支持する旨を当該提案の通報の後90日以内に同事務総長に通報する場合には、当該提案は、締約国の次の会合又は次の検討のための会議のいずれか早い時期に開催されるものにおいて検討される。

2　締約国の会合又は検討のための会議は、この条約の改正を合意することができる。改正は、締約国の三分の二以上の多数が賛成票を投ずることによって採択される。寄託者は、採択された改正を全ての締約国に送付する。

3　改正は、当該改正が採択された時に締約国であった国の過半数が批准書又は受諾書を寄託した後90日で、改正の批准書又は受諾書を寄託する締約国について効力を生ずる。その後は、改正は、改正の批准書又は受諾書を寄託する他のいずれの締約国についても、その寄託の後90日で効力を生ずる。

第11条〔紛争の解決〕

1　この条約の解釈又は適用に関して二以上の締約国間で紛争が生ずる場合には、関係当事国は、国際連合憲章第33条の規定に従い、交渉又は当該関係当事国が選択するその他の平和的手段によって紛争を解決するため、協議する。

2　締約国の会合は、この条約及び国際連合憲章の関連規定に従い、あっせんを提供すること、関係締約国に対して当該関係締約国が選択する解決のための手続を開始するよう要請すること、合意された手続に従って解決するための期限を勧告すること等により、紛争の解決に貢献することができる。

第12条〔普遍性〕

締約国は、全ての国によるこの条約への普遍的な参加を目標として、この条約の締約国でない国に対し、この条約に署名し、これを批准し、受諾し、承認し、又はこれに加入するよう奨励する。

第13条〔署名〕

この条約は、2017年9月20日から、ニューヨークにある国際連合本部において、署名のため全ての国に開放される。

第14条〔批准、受諾、承認又は加入〕

この条約は、署名国によって批准され、受諾され、又は承認されなければならない。この条約は、加入のために開放しておく。

第15条〔効力発生〕

1　この条約は、50番目の批准書、受諾書、承認書又は加入書が寄託された後90日で効力を生ずる。

2　50番目の批准書、受諾書、承認書又は加入書が寄託された日の後に批准書、受諾書、承認書又は加入書を寄託する国については、この条約は、その批准書、受諾書、承認書又は加入書が寄託された日の後90日で効力を生ずる。

第16条〔留保〕

この条約の各条の規定については、留保を付することができない。

第17条〔有効期間及び脱退〕

1　この条約の有効期間は、無期限とする。

2　締約国は、この条約の対象である事項に関係する異常な事態が自国の至高の利益を危うくしていると認める場合には、その主権を行使してこの条約から脱退する権利を有する。この権利を行使する締約国は、寄託者に対してその脱退を通告する。その通告には、自国の至高の利益を危うくしていると認める異常な事態についても記載しなければならない。

3　脱退は、寄託者が脱退の通告を受領した日の後12箇月で効力を生ずる。ただし、脱退する締約国が当該12箇月の期間の満了の時において武力紛争の当事国である場合には、当該締約国が武力紛争の当事国でなくなるまで、この条約及びこの条約の追加的な議定書の義務に引き続き拘束される。

第18条〔他の協定との関係〕

この条約の実施は、締約国が当事国である既存の国際協定との関連で当該締約国が負う義務に影響を及ぼすものではない。ただし、当該義務がこの条約と両立する場合に限る。

第19条〔寄託者〕

国際連合事務総長は、ここに、この条約の寄託者として指定される。

第20条〔正文〕

この条約は、アラビア語、中国語、英語、フランス語、ロシア語及びスペイン語をひとしく正文とする。

＝２０１７年７月７日にニューヨークで作成された。

（外務省ホームページより転載。暫定的な仮訳、一部修正）

●核兵器の不拡散に関する条約（Treaty on the Non-Proliferation of Nuclear Weapons : NPT）１９６８年６月12日採択、日本は１９７６年６月批准

前文

この条約を締結する国（以下「締約国」という）は、核戦争が全人類に惨害をもたらすものであり、したがって、このような戦争の危険を回避するためにあらゆる努力を払い、及び人民の安全を保障するための措置をとることが必要であることを考慮し、核兵器の拡散が核戦争の危険を著しく増大させるものであることを信じ、核兵器の一層広範にわたる分散の防止に関する協定を締結することを要請する国際連合総会の諸決議に従い、平和的な原子力活動に対する国際原子力機関の保障措置の適用を容易にすることについて協力することを約束する。（段落に修正）

一定の枢要な箇所において機器その他の技術的手段を使用することにより原料物質及び特殊核分裂性物質の移動に対して効果的に保障措置を適用するという原則を、国際原子力機関の保障措置制度のわく内で適用することを促進するための研究、開発その他の努力に対する支持を表明し、核技術の平和的応用の利益（核兵器国が核爆発装置の開発から得ることができるすべての技術上の副産物を含む）が、平和的目的のため、すべての締約国（核兵器国であるか非核兵器国であるかを問わない）に提供されるべきであるという原則を確認し、この原則を適用するに当たり、すべての締約国が、平和的目的のための原子力の応用を一層発展させるため可能な最大限度まで科学的情報を交換することに参加し、及び単独で又は他の国と協力してその応用の一層の発展に貢献する権利を有することを確信する。（同）

核軍備競争の停止をできる限り早期に達成し、及び核軍備の縮小の方向で効果的な措置をとる意図を宣言し、この目的の達成についてすべての国が協力することを要請し、一九六三年の大気圏内、宇宙空間及び水中における核兵器実験を禁止する条約の締約国が、同条約前文において、核兵器のすべての実験的爆発の永久的停止の達成を求め及びそのために交渉を継続する決意を表明したことを想起し、厳重かつ効果的な国際管理の下における全面的かつ完全な軍備縮小に関する条約に基づき核兵器の製造を停止し、貯蔵されたすべての核兵器を廃棄し、並びに諸国の軍備から核兵器及びその運搬手段を除去することを容易にするため、国際間の緊張の緩和及び諸国間の信頼の強化を促進することを希望する。(同)

諸国が、国際連合憲章に従い、その国際関係において、武力による威嚇または武力の行使を、いかなる国の領土保全又は政治的独立に対するものも、また、国際連合の目的と両立しない他のいかなる方法によるものも慎まなければならないこと、並びに国際の平和及び安全の確立及び維持が世界の人的及び経済的資源の軍備のための転用を最も少なくして促進されなければならないことを想起して、次のとおり協定した。

第一条〔核兵器国の核兵器等の移譲の禁止及び核兵器等の製造等についての非核兵器国に対する援助等の禁止〕

締約国である核兵器国は、核兵器その他の核爆発装置又はその管理をいかなる者に対しても直接又は間接に移譲しないこと及び核兵器その他の核爆発装置の製造若しくはその他の方法による取得又は核兵器その他の核爆発装置の管理の取得につきいかなる非核兵器国に対しても何ら援助、奨励又は勧誘を行わないことを約束する。

第二条〔非核兵器国の核兵器等の受領、製造等の禁止〕

締約国である各非核兵器国は、核兵器その他の核爆発装置又はその管理をいかなる者からも直接又は間接に受領しないこと、核兵器その他の核爆発装置を製造せず又はその他の方法によって取得しないこと及び核兵器その他の核爆発装置の製造についていかなる援助をも求めず又は受けないことを約束する。

第三条〔非核兵器国による保障措置の受諾、国際原子力機関との保障措置協定の締結等〕

1 締約国である各非核兵器国は、原子力が平和的利用から核兵器その他の核爆発装置に転用されることを防止するため、この条約に基づいて負う義務の履行を確認することのみを目的として国際原子力機関憲章及び国際原子力機関の保障措置制度に従い国際原子力機関との間で交渉しかつ締結する協定に定められる保障措置を受諾することを約束する。この条の規定によって必要とされる保障措置の手続は、原料物質又は特殊核分裂性物質につき、それが主要な原子力施設において生産され、処理され若しくは使用されているか又は主要な原子力施設の外にあるかを問わず、遵守しなければならない。この条の規定によって必要とされる保障措置は、当該非核兵器国の領域内若しくはその管轄下で又は場所のいかんを問わずその管理の下で行われるすべての平和的な原子力活動に係るすべての原料物質及び特殊核分裂性物資につき、適用される。

2 各締約国は、(a) 原料物質若しくは特殊核分裂性物質又は (b) 特殊核分裂性物質の処理、使用若しくは生産のために特に設計され若しくは作成された設備若しくは資材を、この条の規定によって必要とされる保障措置が当該原料物質又は当該特殊核分裂性物質について適用されない限り、平和的目的のためいかなる非核兵器国にも供給しないことを約束する。

3 この条の規定によって必要とされる保障措置は、この条の規定及び前文に規定する保障措置の原則に従い、次条の規定に適合する態様で、かつ、締約国の経済的若しくは技術的発展又は平和的な原子力活動の分野における国際協力（平和的目的のため、核物質及びその処理、使用又は生産のための設備を国際的に交換することを含む。）を妨げないような態様で、実施するものとする。

4 締約国である非核兵器国は、この条に定める要件を満たすため、国際原子力機関憲章に従い、個々に又は他の国と共同して国際原子力機関と協定を締結するものとする。その協定の交渉は、この条約が最初に効力を生じた時から百八十日以内に開始しなければならない。この百八十日の期間の後に批准書又は加入書を寄託する国については、その協定の交渉は、当該寄託の日までに開始しなければならない。その協定は、交渉開始の日の後十八箇月以内に効力を生ずるものとする。

第四条［原子力の平和的利用、設備、資材、情報の交換に関する締約国の権利等］

1 この条約のいかなる規定も、無差別にかつ第一条及び第二条の規定に従って平和的目的のための原子力の研究、生産及び利用を発展させることについてのすべての締約国の奪い得ない権利に影響を及ぼすものと解してはならない。

２　すべての締約国は、原子力の平和的利用のため設備、資材並びに科学的及び技術的情報を可能な最大限度まで交換することを容易にすることを約束し、また、その交換に参加する権利を有する。締約国は、また、可能なときは、単独で又は他の国若しくは国際機関と共同して、世界の開発途上にある地域の必要に妥当な考慮を払って、平和的目的のための原子力の応用、特に締約国である非核兵器国の領域におけるその応用の一層の発展に貢献することに協力する。

第五条［核爆発の平和的応用の利益の非核兵器国による享受］

　各締約国は、核爆発のあらゆる平和的応用から生ずることのある利益が、この条約に従い適当な国際的監視の下でかつ適当な国際的手続により無差別の原則に基づいて締約国である非核兵器国に提供されること並びに使用される爆発装置についてその非核兵器国の負担する費用が、できる限り低額であり、かつ、研究及び開発のためのいかなる費用をも含まないことを確保するため、適当な措置をとることを約束する。締約国である非核兵器国は、特別の国際協定に従い、非核兵器国が十分に代表されている適当な国際機関を通じてこのような利益を享受することができる。この問題に関する交渉は、この条約が効力を生じた後できる限り速やかに開始するものとする。締約国である非核兵器国は、希望するときは、二国間協定によってもこのような利益を享受することができる。

第六条［核軍備競争の停止、核軍縮の効果的措置、全面完全軍縮条約に関する交渉］

　各締約国は、核軍備競争の早期の停止及び核軍備の縮小に関する効果的な措置につき、並びに厳重かつ効果的な国際管理の下における全面的かつ完全な軍備縮小に関する条約について、誠実に交渉を行うことを約束する。

第七条［地域的条約を締結する権利との関係］

　この条約のいかなる規定も、国の集団がそれらの国の領域に全く核兵器の存在しないことを確保するため地域的な条約を締結する権利に対し、影響を及ぼすものではない。

第八条［条約の改正、条約運用の検討会議等］

1　いずれの締約国も、この条約の改正を提案することができる。改正案は、寄託国政府に提出するものとし、寄託国政府は、これをすべての締約国に配布する。その後、締約国の三分の一以上の要請があったときは、寄託国政府は、その改正を審議するため、すべての締約国を招請して会議を開催する。

2　この条約のいかなる改正も、すべての締約国の過半数の票（締約国であるすべての核兵器国の票及び改正案が配布された日に国際原子力機関の理事国である他のすべての締約国の票を含む。）による議決で承認されなければならない。その改正は、すべての締約国の過半数の改正の批准書（締約国であるすべての核兵器国の改正の批准書及び改正案が配布された日に国際原子力機関の理事国である他のすべての締約国の改正の批准書を含む。）が寄託された時に、その批准書を寄託した各締約国について効力を生ずる。その後は、改正は、改正の批准書を寄託する他のいずれの締約国についても、その寄託の時に効力を生ずる。

3　前文の目的の実現及びこの条約の規定の遵守を確保するようにこの条約の運用を検討するため、この条約の効力発生の五年後にスイスのジュネーヴで締約国の会議を開催する。その後五年ごとに、締約国の過半数が寄託国政府に提案する場合には、条約の運用を検討するという同様の目的をもって、更に会議を開催する。

第九条［署名、批准、加入、効力発生、「核兵器国」の定義等］

1　この条約は、署名のためすべての国に開放される。この条約が3の規定に従って効力を生ずる前にこの条約に署名しない国は、いつでもこの条約に加入することができる。

2　この条約は、署名国によって批准されなければならない。批准書及び加入書は、ここに寄託国政府として指定されるグレート・ブリテン及び北部アイルランド連合王国、ソヴィエト社会主義共和国連邦及びアメリカ合衆国の政府に寄託する。

3　この条約は、その政府が条約の寄託者として指定される国及びこの条約の署名国である他の四十の国が批准しかつその批准書を寄託した後に、効力を生ずる。この条約の適用上、「核兵器国」とは、一九六七年一月一日前に核兵器その他の核爆発装置を製造しかつ爆発させた国をいう。

4　この条約は、その効力発生の後に批准書又は加入書を寄託する国については、その批准書又は加入書の寄託の日に効力を生ずる。

5 寄託国政府は、すべての署名国及び加入国に対し、各署名の日、各批准書又は各加入書の寄託の日、この条約の効力発生の日、会議の開催の要請を受領した日及び他の通知を速やかに通報する。

6 この条約は、寄託国政府が国際連合憲章第百二条の規定に従って登録する。

第十条〔脱退及び有効期間〕

1 各締約国は、この条約の対象である事項に関連する異常な事態が自国の至高の利益を危うくしていると認める場合には、その主権を行使してこの条約から脱退する権利を有する。当該締約国は、他のすべての締約国及び国際連合安全保障理事会に対し三箇月前にその脱退を通知する。その通知には、自国の至高の利益を危うくしていると認める異常な事態についても記載しなければならない。

2 この条約の効力発生の二十五年後に、条約が無期限に効力を有するか追加の一定期間延長されるかを決定するため、会議を開催する。その決定は、締約国の過半数による議決で行う。

第十一条〔正文及び寄託〕

この条約は、英語、ロシア語、フランス語、スペイン語及び中国語をひとしく正文とし、寄託国政府に寄託される。この条約の認証謄本は、寄託国政府が署名国政府及び加入国政府に送付する。

以上の証拠として、下名は、正当に委任を受けてこの条約に署名した。

一九六八年七月一日にロンドン市、モスクワ市及びワシントン市で本書三通を作成した。

（外務省ホームページより転載、一部修正）

安斎　育郎（あんざい・いくろう）

1940年、東京生まれ。工学博士。専門は放射線防護学および平和学。立命館大学名誉教授、立命館大学国際平和ミュージアム終身名誉館長。日本平和学会第4回平和賞などを受賞。著書に『科学と非科学の間』、『原発と環境』（かもがわ出版）、『だます心 だまされる心』（岩波書店）など多数。

核なき時代を生きる君たちへ
核不拡散条約50年と核兵器禁止条約

2021年3月1日　第1刷発行

著　者　安斎育郎
発行者　竹村正治
発行所　株式会社かもがわ出版
〒602-8119　京都市上京区堀川通出水西入
TEL 075-432-2868　FAX 075-432-2869
印刷所　シナノ書籍印刷株式会社

ISBN 978-4-7803-1143-3　C0036